TRAVEL GUIDE BOOK

Amazing Cuba

自然と暮らしを巡るキューバガイド

不思議の国キューバ

　キューバとの出合いは、私にとって極めて平熱なものだった。スペイン語を使う仕事を探していた私は、奇遇にも在キューバ日本国大使館での採用が決まり、意図せずキューバの地へ降り立った。その後、米国との国交再開やフィデル・カストロ前議長逝去などの歴史的瞬間といわれる劇的な局面を迎えたキューバで、ガッツリ3年間この土地と向き合い、良くも悪くも数多のことに驚き白目を剥（む）き続けた。だから、私はキューバのことを一概に「好きだ」という言葉では表現しきれない。そう万感の想いを募らせながらも、この国のおもしろさを話し出すと、どうしても止まらなくなってしまう。

　物資不足をはじめ、社会主義国家であることの"むずかしさ"を伴うキューバでの生活は、国民だろうと移民だろうと、決してラクなものではない。あらゆるところで思うようにコトが進まない暮らしのなかで、日本なら慌てるようなことでも平気で笑い飛ばすキューバ人たちのおおらかさに包まれながら、いつの間にか自分自身がすっかり逞しくなっていた。上手くいったり、いかなかったり、猛烈に怒ったり、腹の底から笑ったり、そうやって心を激しく揺さぶられながら「結果すべていい思い出」となるキューバは、不思議なまでに懐深い国だった。

　この本は、キューバの暮らしのなかで、素直に驚き、感動した場所をギュッと詰め込んだガイドブック。葉巻やサルサだけでは語り尽くせぬ、キューバ本来の魅力を伝えるには、ページはいくらあっても足りない。それでも、自分をとびきり元気にしてくれた、この国の素顔を少しでも多くの人々と共感することができれば嬉しく思う。いつ・どこで・どんな感動に出合えるかは、旅へ出ないとわからないもの。歴史や文化、自然、そして、人。それぞれに大切な思いを抱いてキューバへ旅立つみなさまにとって、より楽しむためのヒントとなれば本望だ。

それでは、素敵な旅を！
¡Buen Viaje!

千野祐子

メキシコ湾
Golfo de México

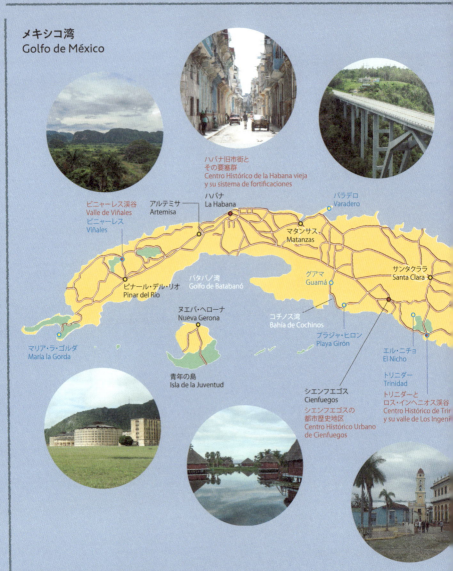

ハバナ旧市街と
その要塞群
Centro Histórico de la Habana vieja
y su sistema de fortificaciones

ビニャーレス渓谷
Valle de Viñales
ビニャーレス
Viñales

アルテミサ
Artemisa

ハバナ
La Habana

バラデロ
Varadero

マタンサス
Matanzas

ピナール・デル・リオ
Pinar del Río

バタバノ湾
Golfo de Batabanó

グアマ
Guamá

サンタクララ
Santa Clara

マリア・ラ・ゴルダ
María la Gorda

ヌエバ・ヘローナ
Nueva Gerona

コチノス湾
Bahía de Cochinos

プラジャ・ヒロン
Playa Girón

エル・ニチョ
El Nicho

青年の島
Isla de la Juventud

トリニダー
Trinidad

シエンフエゴス
Cienfuegos

シエンフエゴスの
都市歴史地区
Centro Histórico Urbano
de Cienfuegos

トリニダーと
ロス・インヘニオス渓谷
Centro Histórico de Trinidad
y su valle de Los Ingenios

キューバのマップ

州都をはじめとする全土の主要都市に加えて、ユネスコ世界遺産に登録される文化遺産7件・自然遺産2件をまとめたマップ。このほかにもキューバには、「国際連合教育科学文化機関（ユネスコ）」登録の無形文化遺産として、アフリカ文化とハイチ文化が融合した、東部発祥の混合舞踊「トゥンバ・フランセサ（Tumba Francesa）」や、アフリカ文化から発祥した音楽舞踊「キューバのルンバ（Rumba Cubana）」が存在する。

Contents

キューバのマップ　8
キューバが歩んだ歴史　12

ハバナ —— 18
アバナ・ビエハ地区（旧市街）　20
プラジャ地区・ミラマル地区　38
ハバナから行く、プラジャ・デル・エステ　52
ハバナのマップ　60

キューバの"秘郷" —— 66
マタンサス　68
ビニャーレス　71
サパタ湿原　76
トリニダー　80
カマグエイ　85
青年の島　89

サンティアゴ・デ・クーバ —— 92
旧市街　94
サンティアゴ・デ・クーバ近郊　98
サンティアゴ・デ・クーバから行く、バラコア　102
サンティアゴ・デ・クーバのマップ　107

キューバのおみやげ　110

キューバの基本情報 —— 113
旅行会社・緊急連絡先　124

ハバナ全域・旧市街・新市街＆ミラマル地区のマップ

キューバが歩んだ歴史

まず忘れてはならないのが、キューバには長い歴史があること。
1492年に発見されて以来、キューバはさまざまな変化を強いられてきた国。
どの時代も希望に満ちていたであろう人々の心は、
どのように現代を受け止めているのだろうか。

紀元前3000年

「石器時代」といわれる、紀元前3000年頃。キューバには、すでに先住民が暮らしていた。西部のピナール・デル・リオ州や首都ハバナからほど近いマタンサス州のバラデロ、カリブ海に浮かぶ青年の島などの洞窟では、壁に描かれたヒトや生きものの「岩絵」とともに、今なお彼らの息吹を感じることができる。

"新大陸"を見つけたコロンブス

カリブをはじめ、中南米諸国からの民族移住が続いた1492年。探検家、クリストファー・コロンブスが"新大陸"として発見した時のキューバ島には、南米系の「タイーノ族」やアンティーリャス諸島系の「シボネイ族」を中心に、数十万にも及ぶ人々が暮らしていたとの記録が残されている。

キューバの葉巻

葉巻は、タバコの葉を巻いて吸う先住民族の姿を見た征服者たちが欧州に伝えたことにより世界中に広まったといわれている。キューバを代表する葉巻メーカー〈Cohiba（コイーバ）〉は、「タバコの葉」を意味するタイーノ語に由来。民族が消失した今でも、その文化はキューバの地に息づいている。

「人類が目にした最も美しい土地」。キューバをこう表現したコロンブスは、この地をアジア大陸だと信じ、「黄金の国ジパング」の金鉱を見つけるため、2度の航海により探索したが、成果は上がらなかった。その後、征服者、セバスティアン・オカンポによってキューバがひとつの島であることが判明したと同時に金鉱を発見したことにより、1511年にはディエゴ・ベラスケス率いる大船団によるスペインの本格的な植民地化へ。東部のバラコアをはじめ、サンティアゴ・デ・クーバ、ハバナ、トリニダー、カマグエイなどの都市が次々に建設された。当初、島の南岸に建設されたハバナは、1519年にはより条件の整った現在の北岸に移されることに。

スペインからの侵略者

100年で消えた民族

スペインは、タイーノ族をはじめとする先住民への弾圧を繰り返し、過酷な労働を強制。そして、抵抗する者は容赦なく虐殺。一部の先住民は「カシーケ」と呼ばれるリーダーのもとに集まり、山を拠点に抵抗を続けたものの、西洋から持ち込まれた疫病の蔓延により激減。1600年を迎える頃には絶滅したと伝えられている。

悪名高い、三角貿易

1600年代に入るとスペインは、メキシコ、ジャマイカ、ハイチ、プエルトリコなど中南米全域に植民支配を拡大。欧州から武器がアフリカへ、アフリカから黒人奴隷がカリブ海へ、そして、カリブ海の砂糖や金銀などの富が欧州へ。この悪名高き「三角貿易」は、後に"奴隷貿易"とも呼ばれた。キューバは、スペインの貿易における重要な拠点として発展。

絶滅した先住民族に代わる労働力を探していたスペインは、すでに砂糖産業が進んでいたハイチで酷使されていたアフリカ系の黒人奴隷をキューバに"輸入"。それから300年。黒人たちは、欧州との"希望なき出合い"のなかで命を繋いだ。時に隠ぺいし、時に融和させながら切に守り続けた彼らの文化は、今日のキューバの暮らしに反映されている。

積荷となった奴隷たち

カリブの海賊

中南米の植民地化に出遅れたイギリス、フランス、オランダが盛んに海路に乗り出すようになると、中南米からの財宝を狙う海賊行為が横行。海賊たちの標的となったキューバの沿岸都市は、度重なる襲撃を受け要塞化へ。1598年に造られたハバナの「モロ要塞」は、海賊からの数々の襲撃を阻止し、"世界最強の要塞"と称された。

スペインからの独立

1800年頃になると、キューバ生まれの白人「クリオージョ」と、クリオージョと黒人の間に生まれた「ムラート」にキューバ人としての意識が芽生えるようになった。1820年代、中南米のスペイン植民地が次々に独立を遂げるなか、スペイン支配下からの独立を目論むキューバ各地でも小さな反乱が起こり始める。そして1868年、農園主カルロス・セスペデスによる奴隷解放と武装蜂起をきっかけに、第1次キューバ独立戦争へ。

ホセ・マルティという英雄

José Julián Martí Pérez

キューバで必ず名前を耳にするホセ・マルティは、「キューバ独立の父」としてキューバ人から最も讃えられる、クリオージョの英雄。キューバ革命党の中心となり、1895年から1898年にかけて起きた第2次キューバ独立戦争を指揮しながらも志なかばで戦死。キューバをはじめ、中南米諸国の独立のために生涯を捧げたマルティは、革命家でありながら、詩人・戯曲家・小説家・ジャーナリスト・教育者・哲学者という多才な活動を通じて、後世の革命家、思想家、文学者たちに絶大な影響を与えた。革命家、フィデル・カストロもマルティに強く影響を受けたひとり。2016年の逝去後、生前からの希望通り、東部の都市、サンティアゴ・デ・クーバにあるサンタ・イフィヘニア墓地のマルティ廟の隣に眠っている。

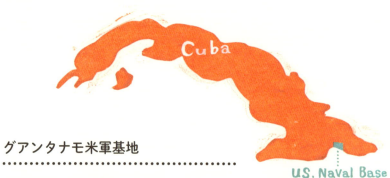

グアンタナモ米軍基地

「米国による中南米諸国独立の干渉」を懸念していた、ホセ・マルティの思想が皮肉にもキューバで的中する。第2次キューバ独立戦争で死闘の末、ようやく勝利の兆しが見えてきた1898年のこと。ハバナ湾で起きた戦艦爆発事故をきっかけに、独立戦争に巧みに介入した米国は、1902年「キューバ共和国」独立の成立時、米国による内政干渉権や米軍基地設置を認めることを共和国憲法に盛り込ませ、見事キューバを軍政下に置いた。1959年以降の国交なき時代に米国が「グアンタナモ米軍基地」を所持できた根拠は、この憲法にある。

憧れのハバナ

1920年代のキューバは、「カリブ海のモンテカルロ」と呼ばれるほど、世界中から熱い視線を注がれた憧れの地。ただし、富はひと握りの富裕層に集中し、多くの国民は困窮した生活を強いられていた。常に不安定であった政情をついてクーデターを起こした、後の大統領、フルヘンシオ・バチスタは、1936年に米国と結託した傀儡政権*を発足。圧政による国民の不満は頂点へ。

*名目上は独立国でありながら、実際には支配される国家によって管理・統制・指揮されている政権のこと。

カストロによるキューバ革命
....

革命家、フィデル・カストロを筆頭に、革命家、チェ・ゲバラたち82名の革命軍によるキューバ革命の目的は、はじめから米国との断絶や社会主義を目指すものではなく、あくまで「国家の独立」だった。しかし、農地改革や米国企業に集中していた富の接収・分配する政策を実施するなかで米国との関係は急速に悪化。1960年、冷戦で米国と対立していたソビエト連邦（現、ロシア）がキューバへ経済支援をする協定を結んだことをきっかけに、1961年には米国が国交断絶を通告。キューバは、ソ連と接近したことにより社会主義革命を宣言する。しかし、医療や教育の無償化などに取り組みながら国家としての軌道に乗り始めた1990年にソ連が崩壊。キューバは、急激な危機的経済状況「特別期間」に陥った。食料や燃料などの極度の物資不足が蔓延。救済処置となる外貨獲得のため、政府は、観光業や優秀な人材の海外派遣を推奨すると同時に、外貨の個人所有自由化や2重通貨制度、一部職種の自営規制緩和などさまざまな打開策を実行。平等という理想と、自由という希望の狭間で、今なお厳しい状況が続いている。

1月1日、革命記念日
....

2014年12月、米国との国交再開というニュースが世界を揺るがした。「変わる前に、今のキューバをひと目見たい」と、思いを募らせる観光客がキューバに激増する一方で、その水面下では国民の経済格差が生まれつつあるのも歯がゆい事実。これからキューバがどう変化していくのかは、まだ誰にもわからない。急変を内包する情勢のなか、大国の権力に抗いながら国民の忍耐でつなぎ止めてきた革命記念日は、2019年で60周年を迎える。さらに10年後、20年後の革命記念日に、キューバはどんな表情を見せてくれるのだろうか。

| La Habana | Street

La Habana

ハバナ

スペイン語で「La Habana（ラ・アバナ）」と呼ばれる、キューバの首都、ハバナ。主な見どころは、世界遺産に登録される北岸沿いの旧市街、アバナ・ビエハ地区（Habana Vieja）、セントロ・アバナ地区（Centro Habana）、新市街のベダード地区（Vedado）、そして、ミラマル地区（Miramar）を含むプラジャ地区（Playa）の4つのエリア。500年の時を内包する歴史的なこの都市は、今、急速な変化を迎えている。キューバの旅は、いつもここから始まる。

| La Habana | Street

ハバナの街並み

1519年にスペインが建設を始めたハバナの街並みは、キューバが歩んだ時代の断片がモザイクのように重なり合い現代の表情を形成している。1982年、ユネスコ世界遺産に登録された旧市街地区は、「街そのものが博物館」といわれるように、築200年を超えるコロニアル様式の建築が密集。スペイン統治時代からの重厚な雰囲気を色濃く残している。ハバナ北岸に面した幹線道路、マレコン通りは、"これぞ、キューバ"だと思わせる大西洋沿岸の絶景が目一杯に広がる。いつの間にか街にはアジア製の新車が増えてきているが、黒い煙を吐き出しながら走り続ける米国製のクラシックカーや、旧ソ連製の中古車はまだまだ主役。ここには、変わることのないハバナが存在する。

| La Habana | Life style

ランパリージャ通りの床屋さんは、活気にあふれた地元の社交場。「流行りの髪型にカットして！」というと自信満々に切ってくれるが、出来栄えはスポーツ刈りか坊ちゃん刈りに。勇気を持って、ぜひチャレンジしてもらいたい。床屋のカットは、0.5〜3CUCが相場。

キューバの女性は指先までカラフルでおしゃれ。ランパリージャ通りにあるネイルサロンで、彼女たちにならって、旅先のおしゃれをネイルから楽しんでみて。マニキュアは3〜5CUC、ペディキュアと合わせて5〜8CUCが相場。花のモチーフやマーブルなどのネイルアートに加え、ラメやストーンなども充実。

暮らしに触れる、ランパリージャ通り

観光の拠点、オビスポ通りは、観光名所やカフェ、レストランなどが立ち並び、昼夜問わず人々で賑わう1キロの遊歩道。そんなメインストリートからたった1本裏道に入るだけで、雰囲気はぐっと落ち着き、歴史と暮らしが融合するハバナらしい一面に触れることができる。おすすめは、ランパリージャ通り（Lamparilla）。ほかに、オレイリー通り（O'Reilly）やテニエンテレイ通り（Teniente Rey）も日中の散歩にぴったりの裏道。おしゃれ好きなキューバ人に欠かせない、通り沿いのネイルサロンや床屋では、社交的な地元民が歓迎してくれるはず。

ベダード地区の「コッペリア」に並ぶ人々

キューバでは行列がマナー？

キューバではお店や空港など至るところで行列に出くわす。それでもちゃんと順番を守るのが、美しきキューバの国民性。列に並ぶ時は必ず、「ウルティモ（最後の人は）？」と、ひと声を。そうすると、ちゃんと応答するうえに、最後尾がだれなのかを周りが認識してくれる。キューバでは、このやり取りがとっても大事。あとあと、「この子も並んでるのよ！」と、周りの助け舟に乗れることがあるからだ。そのやさしい声はほとんどがおばちゃん。どこの国でも、おばちゃんは強くてありがたい。

Column

キューバのアンティーク

"記憶"という名の骨董と古書の店「メモリアス」は、ここキューバでさまざまな時を隔てたアンティークで満たされている。まず目に入るのは、膨大な雑誌のコレクション。100年以上前に創刊されたキューバ3大大衆誌『Bohemia（ボヘミア）』『Social（ソシアル）』『Cartel（カルテル）』を中心に、革命以前の『TIME』や創刊からの『Illustrator』など、1900年代からの希少な情報誌に触れることができる。欧州や中国、旧ソ連から持ち込まれたデミタスカップ＆ソーサーや香水瓶、オーナメント。そして、気になるキューバのアンティークは、革命以前の野球カードやカジノのコイン、シガーボックスのほかに、近年コレクターの注目を集めるキューバ映画のポスターなども揃う。

骨董と古本の店「メモリアス」
Antigüedades y Librería Memorias
（MAP：P.62）
Animas No.57, e/ Prado y Zulueta, La Habana
+53-7-862-5153

『ボヘミア』『ソシアル』などの雑誌は、状態が良く、バックナンバーも豊富。掘り出しものに出会えるかも。

青空骨董市
Venta de Antigüedades
(MAP：P.62)
- 「ホテル・サンタ・イザベル」付近の指定区域
- 毎日 10:00 ～ 17:00 頃　※雨天中止
- 高額な骨董品や美術品をキューバ国外に持ち出すには、有料の「輸出許可証（Sello）」が必要。商品を購入するには必ず売主に相談を。

青空骨董市

街全体がアンティークのような魅力を持つハバナにも骨董品を扱う市場がある。最も有名なのは、旧市街で開催される「青空骨董市」。敷地内にひしめく小さな露店に並べられているのは、陶器やガラス細工、古書、古銭、古切手、レコード、カメラ、ガラクタ……、18 ～ 19 世紀から革命前後までの年代モノの数々。私が気になって集めていたのは、旧ソ連やチェコ製の珍しい食器、幾何学模様の古切手、そして、キューバのピンバッチ。ホコリを被ったまま売りに出された骨董品一つひとつに触れていると、キューバで流れていた当時の時間をのぞき込んでいるような気がして、つい夢中になってしまう。

はちみつの
ディップが
キューバ流

Fritura de malanga
フリトゥーラ・デ・マランガ

中南米産の里芋「マランガ」をすりつぶして、こねた揚げもの。ニンニクと塩でシンプルに調理された味わいがやみつきに。

ぷりぷりの
タコが絶品

黒豆で煮込んだタコ料理。キューバにきたら、身の柔らかいカリブ海のタコをぜひ。煮込みのほかに、炭火焼もおすすめ。

Estofado de pulpo
エストファード・デ・プルポ

おすすめキューバ料理

スペインとアフリカの食文化が混ざり合い、独自に発展したキューバ料理。黒豆を使ったお米料理「アロス・コングリ（Arroz congrí）」を主食に、数少ないながらも日本人の口に合う素朴なメニューが存在する。たとえば、キューバの里芋「マランガ」を使用した揚げもの「フリトゥーラ・デ・マランガ」や、「キャッサバ」と呼ばれる芋と野菜を煮込んだスープ「アヒアコ」は、キューバを代表する家庭料理。暑いキューバにぴったりな飲みものは、レモネード、「グアラポ（Guarapo）」と呼ばれるさとうきびジュース、そして、フレッシュ・ジュース。レストランではどれもリーズナブルに提供されているので、もし見つけたらオーダーしてみて。

Ajiaco
アヒアコ

中南米でよく食べられる芋「キャッサバ」と、地野菜をたっぷり煮込んだスープ。鶏ダシがベースのやさしい味わい。

キューバの
おふくろの味

スペイン料理のスープ「ガスパチョ」のような冷製スープ。野菜料理の少ないキューバで嬉しい、野菜の定番メニュー。

Sopa fría de vegetales
ソパ・フリア・デ・ベヘターレス

Pescado empanizado
ペスカード・エンパニサード

キューバでよく食べられるタラの衣揚げ。キューバでは、唐揚げは「フリート（Frito）」、衣つきの揚げものは「エンパニサード（empanizado）」と呼ばれる。

旬の野菜が
たっぷり！

Jugo natural
フーゴ・ナトゥラル

南国フルーツを生搾りにしたフレッシュ・ジュースは、暑いキューバで欠かせないビタミンドリンク。左からグアバ、パイン、パパイア。ほかに、マンゴーも。

キューバ人の台所、
農業自由市場

ここ数年でレストランが急増し、フードカルチャーの発展が著しいキューバだが、国民の食料調達はまだまだ苦労のしどころ。野菜や肉、フルーツなどの生鮮食品は、基本スーパーでは手に入らないので、農産物販売所が重宝する。ハバナ市内で屈指の大きさを誇る「ディエシヌエベ・イ・ベー」は、大勢の人々で活気あふれる農業市場。ハバナ近郊で育てられた生鮮食品に加え、生花やはちみつ、薬草、スパイスなどが小売りされている。渋い"歌い声"の野菜売り、怒鳴るように笑う肉屋の親父、押しの強い袋売りのおばちゃんにボソボソ話しかける闇商人（闇商人といっても扱うのは、魚介やジャガイモ）。ここに集まる人のパワーに圧倒されながら、地元住民の日常を肌で感じることができる場所＝市場には、いつもワクワクする。

❶ キューバの農産物販売所で流通するのは人民ペソ CUP だが、「ディエシヌエベ・イ・ベー」では、少額紙幣であれば、だ換ペソ（CUC）払いが可能。ただし、お釣りは人民ペソになるので、1 CUC = 24 CUP 換算であることを忘れずに。

農業市場「ディエシヌエベ・イ・ベー」
Mercado agropequario 19 y B
（MAP：P.62）
🏠 Calle 19, e/ A y B, Vedado, La Habana
🕐 火〜土 8:00 頃〜 16:00
　 日 8:00 〜 12:00

生薬が並んだコーナー。パッケージには、急性症状や慢性疾患などへの効能が書かれた紙が入っている。

キューバ伝統、自然療法

市場で生薬が売られているほど、古くからキューバに根づいている自然療法。ここでの暮らしに目を向けてみると、一人ひとりの健康意識の高さに驚かされることが多々ある。1990年代に起きた経済危機により、薬剤や医療品が極度に不足したキューバでは、西洋医学と同等の扱いで自然伝統医療が深く浸透。今なお国民の多くが民間療法に高い関心があり、太極拳やヨガ、ホメオパシー、鍼灸、食事療法など、多様な地域文化の知恵を日常に取り入れていることがわかる。そんなキューバ人にとってはちみつは、"琥珀色の万能薬"。なかでも、「はちみつレモン（Miel con limón：ミエル・コン・リモン）」は、体調管理の基本の「き」。ちょっと風邪気味だったりするだけで、世話好きが口を揃えて「はちみつレモン！」と、声をかけてくれるのだ。さらに、彼らが絶大な信頼を寄せているのが、生薬を煎じた飲み薬「コシミエント（Cocimiento）」。木の根を煮出しただけのシンプルなものから、数種類のハーブとはちみつを調合した本格的なものまで、地域や家庭、目的に応じてレシピは実にさまざま。また、キューバ発祥のカクテル、モヒートに使われるミントは、"良いハーブ"を意味する「イエルバ・ブエナ（Hierba buena）」と呼ばれ、ハーブティーとして家庭で親しまれている。ほかにもキューバで常用されるハーブは、カモミール（Manzanilla：マンサニージャ）、シナの木（Tilo：ティロ）、センダングサ属のロメリージョ（Romerillo）、アロエベラ（Sábila：サビラ）、ヤクヨウサルビア（Salvia）、苦オレンジの葉（Hoja de naranjo amargo：オハ・デ・ナランホ・アマルゴ）など。市場で手に入れやすいハーブや木の根、はちみつ、コーヒーなどから作るコシミエントは、キューバの暮らしに必要不可欠なものとして受け継がれている。

Column

急なトラブルを回避する、ハーブセラピー

いつも頼りにしているキューバ人のクラリータさんに、旅の不調に効く、コシミエントのレシピを教えてもらった。
キューバ中東部、シエンフエゴス出身のクラリータさんのレシピは、本人曰く「田舎風(いなかふう)」。ハバナのスタイルとは少し違う調合なんだそう。

急な風邪には

レモン × はちみつ × しょうが

ライムのように味の濃い、緑色のレモンと、キューバ特産のはちみつ、市場で手に取りやすいしょうがをまとめて煮出す。日本人にも親しみのわくレシピ。苦オレンジの葉をプラスすると効果が上がる。

風邪による咳の痛みには

赤玉ねぎの皮 × はちみつ

赤玉ねぎは、街角の露店でも見かけるポピュラーな食材。まるでニンニクのように小さな赤玉ねぎの外皮と、キューバ特産の濃厚なはちみつをまとめて煮出すだけのとってもシンプルなレシピ。

虫さされ、かゆみには

グアバの葉 × カモミール

市場で手に取りやすい、グアバの葉とカモミールをまとめて煮出す。冷ました液体にタオルを浸し、患部に湿布する。虫の多いキューバで覚えておくと便利なコシミエントの応用レシピ。

排気ガスによる荒れた喉には

サルビア × コーヒー

市場で手に取りやすい「サルビア」ことセージの葉3枚とコーヒーをまとめて煮出す。風邪の症状ではなく、喋(しゃべ)り過ぎや街の排気ガスによる枯れた喉を潤してくれる、キューバらしいレシピ。

ⓘ 体調を崩したり、疲れが溜まると日本食が恋しくなるもの。そんな時は、旧市街にある「日本食堂」(MAP：P.62)や、「クレープ・サユ」(MAP：P.62)へぜひ。きっと元気をもらえるはず。

朝食にはトロピカルフルーツを

キューバは、本当にフルーツに恵まれた国。マンゴー、ピンクグアバ、パイナップル、パパイア、マメイ、バナナ……、市場や街角のワゴンでは、採れたてのフルーツが山のように並んでいる。そんなトロピカルフルーツがキューバの朝食の定番。そのまま食べるだけでも贅沢なのに、果実を生搾りにした100パーセントのフレッシュ・ジュースは格別！

暑いキューバにぴったり

有機食材にこだわったジェラート

オーナーが厳選した有機食材で作る、ハバナで人気のジェラートショップ「エラデオロ」。旬のフルーツを中心に、チョコレートやカフェなどのメニューを15種類ほど展開。おすすめは、キューバのミント「イエルバ・ブエナ（Hierba Buena）」が香る、モヒート・ソルベ。ジェラートにははちみつかけ放題という、ちょっと風変わりで嬉しいサービスも。

エラデオロ　Helad'oro
（MAP：P.62）
⌂ Calle Aguiar 206, Empedrado y Tejadillo, La habana, Cuba
☎ +53-5305-9131
◎ 月～木 11:00～22:00　金～日 11:00～23:00

スペイン語で"都市型有機農法"を意味する「オルガノポニコ農法」をはじめ、機械に頼らないさまざまな有機農法を実践。

Column
キューバの農業見聞録

　1991年、旧ソ連の崩壊に伴って、キューバは「特別期間」と呼ばれる、非常に厳しい経済危機に陥った。特に食料事情は深刻で、石油燃料や化学薬品の極端な物資不足により、従来の農業は壊滅状態。苦肉の策として、政府は有機農業を推進した結果、伝統的な自然農法や有機農法の技術が普及した現代のキューバの農業は、世界中の注目を集めている。しかし、未だキューバには、有機農法における公式な規定や認可機関がないことも事実。ハバナと隣接するアルテミサ州の「マルタ農園」を経営する、農業博士のフェルナンド・フネスさんに、キューバの農業について話を伺った。

　「亜熱帯に属するキューバで、化学薬品を使わずに虫や災害と共存しながら農作物を育てることは、決して簡単ではありません。有機農業の目的は、地球環境だけでなく、そこで働く私たちがこの国の経済を自立させることにあると考えています。ここキューバはモノカルチャー経済＊が土台にありますが、砂糖やコーヒーに偏った特産物の栽培は、結果、生産よりも衰退を招いてしまいました。この苦況から脱却するとともに、持続可能な経済基盤となる新しい有機農業を目指しています。」

＊輸出を目的とした国の産業構造が、1つまたは2〜3品目の農産物や、鉱物資源の生産に特化した経済のこと。

暮らしのなかのサンテリア

キューバの街中を歩いていると、色合いをワントーンにまとめて着こなす人が多いことに気がつく。白、赤、黄。それぞれの"神さまの色"に身を包んだ彼らの暮らしを覗いてみると、信仰心の深さを垣間見ることができる。果たして、キューバに根ざした信仰「サンテリア」とは、一体どんなものなのだろうか。

文　越川芳明

　キューバには、アフリカ各地から奴隷として連れてこられた人々の子孫が大勢いる。現在、人口の4割がアフリカ系だといわれている。スペインにより奴隷は強制的にこの地へ連れてこられたが、黒人司祭たちの頭のなかにあったアフロ信仰のシステムは、さすがに支配者たちも奪い取ることはできなかった。アフロ信仰は、キューバやカリブ海や南米の植民地で、独自の発展を遂げ、代々継承されてきた。キューバには、アフリカの出身地や部族によって、「サンテリア」や「パロ・モンテ」、「アララ」、秘密結社「アバクア」と呼ばれるものがある。もちろん、それらのアフロ信仰は互いに影響し合っているが、とりわけ最大の規模を誇るのがヨルバ語族の持ち込んだサンテリアである。基本的には、宇宙の摂理を表す「オロドゥマレ」やそれを体現する「オロフィン」という全能の神と、多数の小さな神々・オリチャを信じる「一神教的な多神教」とみなすことができる。サンテリアと

いう名称自体は、奴隷たちの多神教的で異端的な実践を否定するカトリック教会が用いた蔑称であるという。だから、信者の中にはサンテリアではなく、ルクミやレグラ・デ・オチャといった名称を好む者もいる。

サンテリアの神々

サンテリアの宇宙観によると、宇宙はひょうたん形をしていて、真ん中から上半分にはオリチャと呼ばれる無数の神々やエグン（死者の霊）が住んでいて、下半分には人間や動物、植物、鉱物などが存在するという。その2つを分ける境界線は強固な壁ではなく、上の世界に住む目に見えない存在は、下の世界に自由に降りてこられる。つまり人間は、そうした目に見えない存在と共存していて、それらの霊によって大きな影響を受ける。また、オリチャと呼ばれる神々は、"特殊技能の持ち主"だ。たとえばオルンミラという神は、この世界の将来についての知識を持っている。だから、黒人司祭は占いの道具を使って、オルンミラに将来くるべき事柄や事件を問いただす。オバタラは、平和や秩序を司る。川の女神オチュンは、恋愛やお金を司る。

そうしたオリチャのサポートを受けたい時に行うのが「タンボール」という太鼓儀礼。太鼓の音は「アチェ」と呼ばれるエネルギーを発生させて、境界線上に対流を起こしオリチャの移動を容易にする。太鼓儀礼には歌と踊りが伴うが、下界に降りてきたオリチャが人間に憑依（ひょうい）することも起こる。その時、人間は神と一体となっていると信じられている。

サンテリアの司祭の役割

ババラウォは、男性しかなれないサンテリアの最高司祭であり、イファと呼ばれる占い

を行う。「マノ・デ・オルーラ(オルーラの手)」と呼ばれる入門の儀式では、そのイファ占いによって、信者に守護神がだれであるのか、生まれ持っての運勢はどうかを伝える。さらに入門儀式では、ババラウォと信者は擬製的な親子関係を結ぶことになり、ババラウォが信者の父親代わり(パドリーノ)になる。それ以降の信者のメンタルケアや精神的なサポートを行うのである。信者にトラブルや悩みがあった時はいつでも、パドリーノに相談できる。植民地で家族が引き離され、血族による家族作りを妨げられてきたアフリカ奴隷たちにとって、そうした擬製的な家族制度は切実だったと思われる。ババラウォのもうひとつの重要な仕事は、「エボ」と呼ばれるお祓いの儀礼を執り行うことだ。オルーラの卓を使って占いをしてから、動物の生贄(いけにえ)をオリチャに捧げることで、信者の厄を落としたり、病気を払ったりする。

信仰の偽装と習合(ドッキング)

キューバ南東部、エル・コブレの街にあるカトリック教会には、小さな褐色の聖母が飾られている。毎年9月8日が、この「エル・コブレの慈悲の聖母」の祝日。川の女神オチュンがこの「慈悲の女神」と習合(ドッキング)しており、サンテリアの信者の家では、この日オチュンのお祝いをする。このように、サンテリアのすべてのオリチャには、表向きにカトリック教会の聖者や聖女、聖母などの顔がついている。信者たちは、カトリック教会の聖人暦に従ってお祭りを行なってきた。ある学者は、それをアフリカ奴隷たちの「偽装」の戦略と捉えている。「奴隷制の制約のもとでアフリカの神々を崇拝し続けるために、奴隷たちはカトリックの聖者を偽り、特定の聖者に特定のオリチャを割り振った」と。そのようにして、キューバのオリチャたちはアフリカとは違った人気を獲得するようになり、サンテリア自体もキューバ独自の信仰になった。

こしかわ・よしあき
明治大学文学部教授。専門はアメリカ文学。2009年、キューバのアフロ信仰「サンテリア」の入門儀式を受ける。2013年の夏、修行をおこない、サンテリアの最高司祭「ババラウォ」の資格を取得。著書に『あっけらかんの国キューバ』(猿江商会)、訳書に『カストロは語る』(青土社)など多数。

Column

カラー別で知るサンテリアの神さま、オリチャ TOP8

1
オバタラ
Obatalá（白）

秩序や道徳、平和を司る。
9月24日が祭日。

2
エレグア
Eleggua（赤と黒）

路や入口、旅を司る。
6月13日が祭日。

3
オチュン
Ochún（黄）

恋愛や結婚、出産を司る。
9月8日が祭日。

4
チャンゴ
Changó（赤と白）

雷や稲妻、火を司る。
12月4日が祭日。

サンテリアには、たくさんのオリチャが存在する。そのなかでも、キューバで特に人気の8柱をご紹介。オリチャの色がわかると、いつもの街がより新鮮に見えてくるはず。

5
イェマヤ
Yemaya（青と白）

母性と愛を司る。
9月7日が祭日。

6
ババルアイェ
Babaluaye（紫）

病気や稲妻、火を司る。
12月17日が祭日。

7
オグン
Oggún（緑と黒）

鉄や戦争、仕事を司る。
6月29日が祭日。

8
オルンミラ
Orunmila（緑と黄）

知恵や知識、占いを司る。
10月4日が祭日。

巨木の森、アルメンダーレス公園

ベダード地区とミラマル地区の間を流れるアルメンダーレス川沿いにある「アルメンダーレス公園」は、"ハバナの偉大なる森"との愛称で親しまれ、自然保護地区にも指定されている。キューバに多く生息するクワ科の「ハグエイ」という巨大な樹木が辺り一面生い茂り、枝には大きなカーテンがぶら下がるように植物が何層にも重なり合い、森を一層深い緑へと着色。都会にあるとは思えないほど静けさに満ちた敷地内では、訪れる人々を丸ごと包み込んでしまうような自然の力強さと、神秘的な雰囲気を感じることができる。プラジャ地区へ行く途中に立ち寄ってもらいたい、おすすめのスポット。

アルメンダーレス公園　Parque Almendares　(MAP：P.60)
🏠 Calle 47, e/ 24 y 26, Playa, La Habana

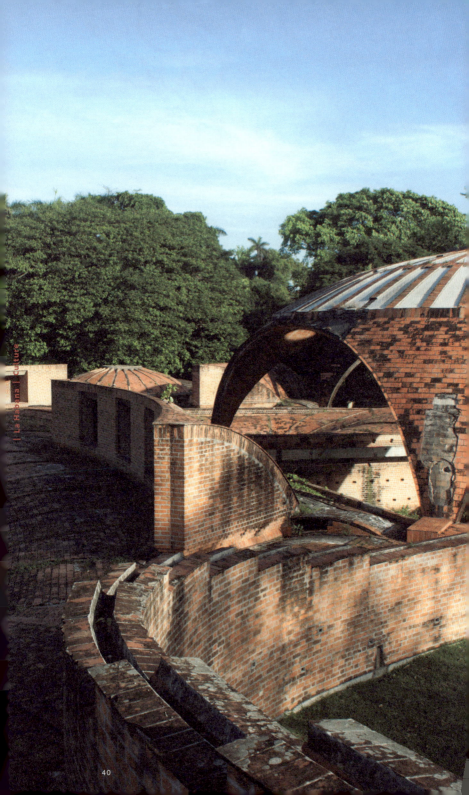

演劇学科の校舎裏には、ロベルト・ゴッタルディによって建設された建築の一部が未完のまま残されている。

レンガ造のカーブが美しいドームの建物では、8つの美術学科の授業が行われている。生徒たちのアトリエも。

キューバ文化を育む、国立芸術大学

朝日に照り映えるダンサーたちの影が芝地に揺れ、どこからともなくサクソフォンやドラムの音色が響く。キューバ芸術教育学府の最高峰として、世界へアーティストを輩出する国立芸術大学＝通称「ISA（イサ）」では、キューバ国内で選抜された学生たちが思い思いに創作の時を過ごしている。スペイン伝統建築が生かされた、円形平面のドーム形の美しいキャンパスは、キューバ人建築家、リカルド・ポッロ（Ricardo Porro Hidalgo）を中心に、ビットリオ・ガラッティ（Vittorio Garatti）、ロベルト・ゴッタルディ（Roberto Gottardi）により設計。1961年にキューバ近代建築の最高傑作と呼ばれる建築物が誕生した。

屋根を歩ける、
前衛的な設計♪

ドーム状の建物のなかでは日々授業が行われている。写真上段から、吹き抜けの天井から日の光が差し込む、サーカス舞踊学科が使っていた旧校舎の1部。現在も演劇学科が使うレンガ造の教室。もともと屋根は歩けるように設計されている。プロのダンサーを目指す、舞踊科の生徒たちの日常風景。キューバは、気鋭のバレエダンサーが多い国としても知られている。

まるで遺跡のような貫禄さえ覚える、独特な色気を纏（まと）ったキャンパスを構える広大な敷地には、緩やかに小川が流れ、鳥たちが羽を休める小さな森が存在する。ここは、キューバ革命直後に発足された教育改革のプロジェクトとして、当時の富裕層が占有していたゴルフ場を芸術教育施設にするために再建された場所。レンガ造が美しい曲線を描く設計は、建物を歩いているだけで生命体の温度を感じさせる「有機的な建築」として世界で高い評価を受けている。クラスは、美術、演劇、音楽舞踊、映像の4つの学部に39の専門学科コース。しかも各学科1学年につき生徒はたった5〜8人のみという、狭き門を目指すのは、小・中学校からすでに厳しい芸術専門教育を受けてきた高校生たち。入口は狭いながらも見事在学が叶えば、レベルの高い教育をはじめ、教材や食堂、学生寮などを無償で与えられるという、芸術を学ぶ学生にとってはまさに理想の環境である。そんな校内を案内してくれたのは、アーティストとしても活動する教員のビクトリアさん。在学時を含め、かれこれ20年以上もの歳月をここで過ごす彼女は、ISAについてこう教えてくれた。

「実は本校でも物資不足という深刻な問題を抱えていますが、経済への不安要素を与えずに一流の教師陣のもと芸術活動に没頭できるこの環境は、世界的にも希少だと思います。そして、この場所を訪れた人々は、敬意を込めて『廃墟』と言いますが、私はここを『未完』と呼ぶのが好きです」。

修復されずに壊れたまま在り続ける建物のことをキューバでは、"完成を待っている"という愛着の意味を込めて「未完（inacabado）」と表現する。かつてサーカスのレッスンが行われていた旧校舎は、校内でも特に荒廃が進んでいるものの、"舞台の終演"を垣間見るような退廃美に満ちている。旧校舎は、1991年以降の経済危機により修復やメンテナンスがストップ。現在のいびつな形状を残している。キューバ・モダニズム建築を生み出した建築家たちの精神が息づいているように、今なお未完のなかで進化を遂げる学校では、次世代のアーティストたちが成長している。

国立芸術大学 ISA
Universidad de las Artes, Instituto Superior de Arte（MAP：P.60）

⊕ Calle 120, No 904, e/ 9na y 23, Cubanacán, Playa, La Habana

☎ +53-7208-9771（一般）

ℹ ISAは教育機関。事前申請による正式な訪問を除き、一般観光客の立ち入りは禁止されている。一般公開される文化祭及びイベントのみ訪問可能。

〈コース案内〉

ISAでは、外国人用のスペイン語教室をはじめ、ダンスや音楽などキューバの文化を学ぶ短期コースを開講中。どのコースも3カ月前後のカリキュラムが多く、学生ビザについての確認は必須。詳細は公式ホームページを参照。Eメールでの問い合わせは英語対応可。
extensioncursos@isa.cult.cu

ISAだけでなく、大学に隣接する文化省管轄の旅行会社「パラディソ」でもツーリストカードで参加できる30日以内の外国人用の語学コースを受け付けている（料金は540CUC〜）。興味のある方は、Eメールにて問い合わせを（英語対応可）。
cursosdelarte@paradiso.artex.cu

Fábrica de Arte Cubano

キューバ・アートの発信地、ファブリカ・デ・アルテ・クバーノ

"キューバンカルチャーの今"を体験できる場所として、中南米のアートシーンから注目を集めているのが、「ファブリカ・デ・アルテ・クバーノ」＝通称、FACと呼ばれる巨大エンターテインメント施設だ。元ピーナッツ油精製工場の跡地を生かし、増築とキューバ流DIY「インベント」を重ねて進化した館内は、5つのアートセクションが複雑に交差する"ダンジョン"。アート展示をはじめ、パフォーマンスや音楽公演、映画上映などがさまざまなセクションで同時開催されている。有名アーティストのイベントや国際的なフェスティバルの会場として抜擢されるだけでなく、「国立芸術大学ISA」と連携し、学生たちに表現の場を提供。さらに、若手アーティストと社会を繋ぐためのギャラリー活動にも積極的に取り組んでいる。

1階のメインは、2つの大きなライブスペース。通路には、キュレーターによって厳選されたアーティストの作品を展示。さらに、通路の間には、キューバ人デザイナーによるバッグやアパレルウェアを扱うミニショップも。入口で配布されるプログラムを片手に、宝探しのように館内を歩き回ってみて。

2階のメインは、写真や映像などのビジュアル・アートが映し出される、巨大ステージ。そして、キューバ映画の名監督、ウンベルト・ソラスの作品をはじめ、キューバ映画を上映するミニシアターが併設されているから驚きだ。さらに、レストランやバー、カフェテリアだけでなく、オープンスペースも充実。

ファブリカ・デ・アルテ・クバーノ　Fábrica de Arte Cubano（MAP：P.62）
⌂ Calle 26, esq. a 11, Vedado, La Habana
◎ 木〜日 20:00 〜 27:00　※時期により変動
ℹ 入場料は 2CUC。館内の飲食は、入口で配布されるスタンプカードをもとに出口で清算。紛失した場合、30CUCの罰金が課せられる。通年営業ではなく、2〜3カ月毎に閉館期間を設けるので、営業時間は必ずホームページで確認すること。

Column

キューバでビートルズ⁉

メガネと一緒に待ってるわ♡

ハバナに「ジョン・レノン公園」があると知った時は驚いた。1960年代、ビートルズが世界を席巻すると、当時すでにキューバの議長であったフィデル・カストロは、"俗悪な商業主義の象徴"としてビートルズを国内で禁止。後にジョンが労働者階級を擁護したことにより、フィデルは彼の思想に敬意を示し、2000年、公園の改名とともにジョン・レノン像を設置したといわれている。観光地として知られるこの公園に訪れる人々は多く、ジョンのトレードマークである丸メガネの盗難が多発。現在では人々が訪れる度に、どこからともなく現れる"メガネ係"が銅像にメガネをかけるのがキューバならではのご愛嬌である。

ジョン・レノン公園　Parque John Lennon（MAP：P.62）
🏠 Calle 8, Vedado, La Habana

ℹ️ キューバは、2〜10CUCで著名なミュージシャンの演奏を楽しめる、音楽の国。サルサなら「カサ・デ・ラ・ムシカ（Casa de la Musica）」（MAP：P.62）、ジャズなら「ジャズ・カフェ（Jazz Café）」（MAP：P.62）と、「ソーラ・イ・エル・クエルボ（La Zorra y el Cuervo）」（MAP：P.62）が老舗。国内各地に人気のライブハウスがある。

スブマリーノ・アマリージョ　Submarino Amarillo（MAP：P.62）
🏠 Calle 17 y 6, Vedado, La Habana　📞 +53-7830-6808
🕐 月 21:00〜26:00　火〜土 14:00〜26:00（中休みあり）　日 14:00〜22:00

「ジョン・レノン公園」の隣には、ビートルズの『イエロー・サブマリン』をスペイン語にしたライブハウス「スブマリーノ・アマリージョ」がある。イエロー・サブマリンをオマージュした黄色い外観から店内に飾られる歌詞に至るまで完璧に装飾が施されたこのライブハウスでは、60〜70年代ロックのコピーバンドを中心に、地元ミュージシャンのライブを多数開催。おすすめのバンドは「Miel con Limón（ミエル・コン・リモン）」。往年のロックをアレンジしたオリジナルの楽曲は、気分を盛り上げるポップなサウンド。入口の掲示板のみで公開されるライブ情報は、ジョン・レノン公園に立ち寄るついでにチェック。

"暮らすような宿"、カサ・パルティクラル

　この国の人々はどんな家に住んでいて、家庭ではどんなやり取りが交わされて、どんな毎日を過ごしているのだろう……。旅をしていると、もっとこの土地のことが知りたくなる。そんな旅情を掻き立てるのが、主にキューバ人家族が営む宿、カサ・パルティクラルこと、通称「カサ」だ。ここキューバは、実は民泊先進国。政府から運営を許された民家を旅行者に開放するシステムが、何年も前から定着している。ホームステイとゲストハウスの良さを兼ね備えた、魅力的なカサには高級ホテルより不便な面もあるけれど、すでにそこにある暮らしのなかに自分のライフスタイルが同居した瞬間、カサならではの旅の醍醐味を感じる。この土地を歩くには、"暮らすように旅をする"こと。

Interview

ベティさんに聞いた
"インベント"のある暮らし

植物たちがみずみずしく花を咲かせる庭の先にある閑静な一戸建。
そこで暮らしながらカサを営む、とびきり人懐っこい笑顔のベティさんは
ゲストを温かく迎える。「初めて訪れる場所なのに、ここに帰ってきたみたい」。
それがここ、「カサ・ベティ・ミラマル」の魅力。

　カサ・ベティがあるミラマル地区は、革命以前、米国の富裕層が定住し、往時の華やかさを残す邸宅が立ち並ぶエリア。もともと銀行員が住んでいたベティさんの家は、庭つき、3階建、吹き抜けの螺旋(らせん)階段が備えつけられた豪華な造りも虚しく、移り住んだ当時は廃墟も同然だった。今ある風景とはあまりにもかけ離れた当時の住まいを、どのようにリノベーションしたかについて尋ねると、ベティさんは「この家の独特な間取りがすごく不便だったから、最初はどうリフォームしようかかなり悩んだの。全体を改造してもっとシンプルで使いやすい間取りに変えることもできたけど、家を建てた建築家へのリスペクトを込めて、できるだけこのまま生かすようにた

くさん工夫したの」と、教えてくれた。
　こうして始まった、廃墟からのリノベーション。快適な住まいを目指して自らの手で地道に修復を重ね、ようやく迎えた2013年、ついにベティさん一家はカサをオープンすることに。新たな息吹を吹き込まれた家は、独特な間取りをも魅力に変え、朽ち果てたかつての姿をみじんも感じさせないほど明るい空気で包まれている。ベティさんは、「オープンした今でも、まだまだ家具が揃ってないからずっと修復中。終わりなんてこない気がする。でも、少しずつ環境が整っていくことを実感できる毎日は本当に幸せよ。私は、何かを直す作業がすごく好きで、壊れたり、汚れて使えなくなったモノがキレイに生まれ変わる瞬

　ふと家を見わたすと、ベッドから机、椅子、テーブル、ランプ、鏡に至るまで、廃材や拾い集めた不用品を生かして手作りしたモノであふれている。何気なく置かれたセンスの良い家具がまさか手作りであるという驚きが関心に変わると、「新しい家具を揃えて高級ホテルのように改装するカサも多いけど、この家は古いものに手を加えて自分たちにできることしかしていないから、なんだか恥ずかしいわ。でも、自分たちが作ったものをそう喜んでもらえると、すごく嬉しい。だって、この家のすべてが私にはとっても愛おしいから」と、満面の笑みで語るベティさん。
　そんなやり取りのなかで、ひとつのキューバ語を思い出した。慢性的な物資不足によって廃材や不用品を生活に取り入れることが当たり前のキューバでは、再利用することを、「リサイクル」といわずに照れ隠しと誇りの愛着を込めて「インベント（＝発明）」と呼ぶ。そう、このカサ・ベティ・ミラマルは、まさに彼女の愛情とインベントによって生まれた結晶だった。「古いものには、製品として生まれてから辿った時間があるでしょ？家具や道具にしかない"生き方"に寄り添いながら、それらのモノと私とここを訪れるゲストが繋がって、さらに新しい歴史が生まれていくのが嬉しい。こうやって紡がれていく場所には物語を感じるわ。だから私は、これからも自分なりのやり方でカサを続けていきたいの」。

カサ・ベティ・ミラマルで見つけた、インベント

1.「焦がしてゴミになった友人のシェードが、うちのランプぴったりだったの」。2. 客室のカウンターには、手作業で配置された赤いタイル。3. 安定しなかったランプは、道で拾った枝で補強。イットアイテムならぬ、"イットインベント"。4. 廃材から生まれた、エレガントなカーテン。木材を組み立てた力作のベッドは、極上の眠り心地。5. 閉店するギャラリーから貰った鏡に、木のフレームをアレンジした自慢の品。6. 廊下の壁に施した、お気に入りの"アート"。7. 木の板と板を組み合わせたモダンなティーテーブルの相棒には、愛くるしい木のチェアを。8. 各部屋に取り付けた、棚ももちろんインベント。9. ゲスト用のキッチンもすべて手作り。

カサ・ベティ・ミラマル　Casa Betty Miramar　(MAP：P.62)
Ave. 41, No. 1415, e/ 14 y 18, Playa, La Habana　+53-7206-8336　casabettymiramar@gmail.com
宿泊料金は1室35CUC〜50CUC。クーラー・トイレ・ホットシャワー完備。
空港送迎、旧市街周辺のタクシー手配可能。朝食は別途5CUC。
キューバ料理のメニューが豊富でおいしい、お隣の「カフェ・バイーア（Café Bahía）」もおすすめ。

ハバナで出合った、素敵なカサ

"道を歩けばカサにあたる"といわれるほど、急増しているハバナのカサ。Wi-Fi設備が普及していないものの、ホテルより経済的なカサに泊まってもらいたいという思いのもと、居心地の良さで選んだ宿をご紹介。最近の予約サイトは、立地や料金に加え、設備やアメニティなど詳細も記載されているので予約が快適。

カサ・マリッツァ & ティティ Casa Maritza y Titi
（MAP：P.62）
- San Ignacio No.316, Apt. 21, 3er piso, e/ Amargura y Teniente Rey, Plaza Vieja, Habana Vieja, La Habana
- +53-7801-8390
- maritza.titi@nauta.cu
- 1室2名までの宿泊が1泊35〜40CUC

旧市街の拠点、ビエハ広場から徒歩1分という好立地に構える、アクセスの便利な宿。建物の4階という見晴らしの良さ、トイレ・浴室・クーラーがついた快適な部屋、そしてオーナーの温かい人柄が魅力。

ボヘミア・ブティック・アパートメント Bohemia boutique apartment
（MAP：P.62）
- San Ignacio No. 364, e/ Teniente Rey y Muralla, Plaza Vieja, Habana Vieja
- +53-7836-6565
- 1室2名までの宿泊が1泊65CUC〜、3名までの宿泊が1泊130CUC〜。

ビエハ広場にある人気カフェテリア「カフェ・ボヘミア」併設の洗練されたカサ。小さめの部屋、必要最低限の設備なので宿泊料金は割高に感じるが、立地と客室のセンスの良さがポイント。

カサ・クリスティ & ペペ Casa Cristy y Pepe
（MAP：P.62）
- Calle 15 No. 278, Apt 22, e/ J e I, Vedado, La Habana
- +53-7832-2232
- cristyandpepe@gmail.com
- ベッド1台2名までの利用で1泊40CUC、ベッド2台4名までの利用で1泊80CUC。ベッド1台のみでも貸切となるのでご安心を。

マンションの1室を貸切するタイプ。浴室をはじめ設備が充実した2LDKは、長期滞在にも快適。3階に住むオーナーが、ベダード地区周辺のレストランや観光スポットなどをアドバイスしてくれる。

カサ・ヘルトゥルディス Casa Gertrudis
（MAP：P.62）
- Ave. 7ma, No.6610, e/ 66 y 70, Miramar, Playa, La Habana
- +53-7202-6563
- reservas@habitacionhabana.com
- 1棟10名までの利用で1泊450CUC〜。

ミラマル地区の豪邸を1棟貸しする最高級カサ。寝室5部屋、リビング、ポーチ、庭などの設備に加え、別料金で専属シェフやセキュリティなどのサービスも。最近は、豪華ホテルよりも断然、高級カサが人気。

☞ カサを予約するには？

すぐに満室になる人気のカサは、インターネットでの事前予約が安心。注意すべくは、利用するサイトによって同じカサでも料金の差があること。おすすめは、「BandBCuba.com」「Cubaccommodation.com」の2サイト。

☑ カサ選びのポイント

① 短期滞在の場合は、観光の拠点となる旧市街エリアを。
② 両替所（CADECA）や旅行会社などを併設したホテル近郊が便利。
③ Wi-Fiの使用頻度を考えることも決め手のポイント。
④ インターネットでカサの評判をチェックすること。
⑤ 深夜便でキューバに到着する場合、カサの事前予約は必須。
　 その際、空港までの送迎を忘れないように。
⑥ 現地で宿泊料を支払うには現金のみ利用可能。
⑦ 地方都市は、15〜25CUCと安価に素敵なカサと出会える。

ハバナから日帰りで行くビーチ、
プラジャ・デル・エステ

ビーチリゾートのイメージが色濃いキューバのわりに、ハバナには砂浜の海岸がほとんど存在しない。そんなハバナから車でたった30分ほど東にある「プラジャ・デル・エステ（Playa del Este）」には、目もくらむような美しいビーチが広がる。日帰りできる気軽さながら、果てしなく続く白浜の渚とカリビアンブルーの海は、カリブの島にいることを実感できる。せっかくここまで足を延ばすなら、ぜひ小さな漁村「コヒマル（Cojímar）」へ。旧市街から目と鼻の先にあるコヒマル地区は、文豪、アーネスト・ヘミングウェイの代表作で、ノーベル文学賞を受賞した小説『老人と海』の舞台で知られるところ。ヘミングウェイが足繁く通った「ラ・テラサ（La Terraza）」をはじめ、地元民に親しまれるレストランが多いので休憩にもぴったり。

❶ プラジャ・デル・エステへのアクセス方法。観光巡回バス「Habana Bus Tour」で、T3 ルート、旧市街から約 40 〜 50 分の「Hotel Atlantico」下車。料金は 1 日乗り降り自由で 5CUC。タクシー利用もおすすめ。11 月からのハイシーズン、ビーチには、売店、パラソルやビーチチェアなどの貸出サービスもあるが、飲料水や日焼け対策などの準備は万全に。

> ギュッと

ハバナを満喫する、1日観光ガイド

東京の2.5倍ほどの面積に値するハバナは、歴史的建造物を中心に見どころが多い。ここで紹介するのは、ハバナで外せないスポットをまとめた1日散策コース。短期滞在やスポット観光に役立てたい、とっておきのリスト。

 旧国会議事堂（カピトリオ）
Capitolio Nacional
(MAP：P.62)

米国ワシントンの国会議事堂を模して1929年に建設されたカピトリオは、革命以前、国会議事堂として機能していた。修繕のため、2011年より一時閉館、2019年1月に再開予定。キューバの0キロ基点には建設当時24カラットのダイアモンドが埋め込まれていたが、現在はレプリカ。

⚐ Prado, e/ San José y Dragones, Habana Vieja, La Habana

 革命博物館
Museo de la Revolución y Memorial Granma
(MAP：P.62)

元大統領官邸という重厚なコロニアル建築の館内には、革命軍が使用した武器をはじめ、革命政府に関する貴重な資料を多数展示。広場の建物には、フィデルやチェ・ゲバラが中心となる革命軍が乗船した実物の船「グランマ号（Memorial Granma）」が保管されている。

⚐ Calle Refugio1 e/ Avenida de las Misiones y Zulueta, Habana Vieja, La Habana
🕙 10:00～17:00 ℹ 入場料は 5CUC。

 アルマス広場
Plaza de Armas
(MAP：P.62)

旧市街の中心に位置する広場で、休日にはさまざまなイベントが開催される。旧スペイン総督官邸だった「市立博物館（Museo de la Ciudad, Palacio de los capitanes generales）」や、ヘミングウェイが定宿にしていた「ホテル・アンボス・ムンドス（Hotel Ambos Mundos）」に隣接。

⚐ Calle tacón, Habana Vieja, La Habana

 マンビ車両博物館
Coche Mambí
（MAP：P.62）

「ラム酒ハバナクラブ博物館」隣の小道にそっと佇む鉄道車両。1900年米国製のこの車両は、1912年よりバチスタ元大統領専用車として使われた。最先端技術を用いた当時の設備や上質な調度品、大統領家族が実際に使った個室など、キューバでは考えられないほど贅沢な車内を無料で見学できる。

- Oficios No.211, e/ Churruca y Muralla, Habana Vieja, La Habana
- 火～日 9:30 ～ 17:30

 旧市街フェリー乗り場
Terminal de Ferris
（MAP：P.62）

もし時間が許すなら、旧市街の対岸、カサ・ブランカ地区へは、観光バスやタクシーでなく、フェリーをおすすめしたい。「ラム酒ハバナクラブ博物館」から徒歩2分ほどのフェリー乗り場は、カサ・ブランカとレグラ行きの2線が10分置きに発着。約2分間、地元民とともにハバナ湾の遊覧ができる。

- Avenida Del Puerto, La Habana
- 料金は1CUC（人民ペソは1CUPで乗れることも!?）。カサ・ブランカには、丘に立つ20メートルのキリスト像やチェ・ゲバラ第1邸宅、カバーニャ要塞などがある。

 ビエハ広場
Plaza Vieja
（MAP：P.62）

1559年に建設された歴史ある広場。18世紀には、「プラサ・デル・メルカド（マーケットスクエア）」と呼ばれる市場が開かれ、ハバナの商業の拠点に。今なおバロック様式のステンドグラスや、20世紀初頭のアール・ヌーヴォー様式の装飾が残されている。カフェやレストランなどが立ち並び、夜は賑やかに過ごせる場所。

- Plaza vieja, Habana Vieja, La Habana

カバーニャ要塞　Fortaleza de San Carlos de la Cabaña
(MAP：P.61)
Carretera de la Cabaña, La Habana
+53-7862-4092　10:00～22:00
「カバーニャ要塞」の入場料は、18時まで6CUC、18時から8CUC。「モロ要塞」周辺は、高台になっているにも関わらず柵がないため落下しないよう注意すること。

カサ・ブランカの丘から見わたす夜景

ハバナを流れる運河を隔て、旧市街の街並みを一望できる「カバーニャ要塞」からの夜景は、クラシックカーや建築物からあふれる光に包まれた大パノラマ。教会やゲバラ博物館が併設される「カバーニャ要塞」で毎晩21時に号砲される大砲の儀式に合わせて訪れるのもいいけど、「モロ要塞」周辺なら、星空にも勝る幻想的なハバナの夜をいつでも見ることができる。

道はみんなの
憩いの場

夜の
ショッピング

旧市街の夜の街歩き

日が沈んだ直後のほんの一瞬、ハバナの街は青い透明のセロファンに包まれたような時間が訪れる。やがて夜になり、オレンジ色の街燈やクラブのネオンが灯り始めると、街は急に色気を纏う。中南米において、奇跡的に治安が安定しているキューバだからこそ楽しめる夜の街歩き。街角に響く音楽とカクテルに酔いしれながら、中世にタイムスリップするような気分を味わえる。

旧市街　Habana Vieja
（MAP：P.62）
❶1人歩きは避ける、人気の少ない場所は避ける、知らない人についていかないなど、特に夜歩きには細心の注意が必要。あくまで中南米にいることの意識を持つこと。

革命広場　Plaza de la Revolución
(MAP：P.61)
Plaza de la Revolución, Avenida Paseo, La Habana
ライトアップは毎日 20 時頃。

ハバナ全域
La Habana

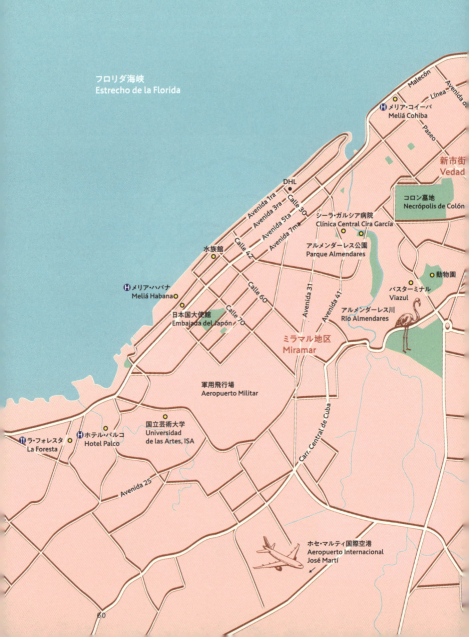

Information

1度は宿泊したい、ハバナのホテル ❺

旅行者だけでなく、ビジネスマンも多く訪れる首都ハバナには、リーズナブルなホテルから高級ホテルまで、さまざまなスタイルのホテルがある。基本的にはカサがおすすめだけど、立地、客室、レストラン＆バー、Wi-Fi設備など、すべてにおいて快適なキューバの豪華ホテルにも宿泊したい。そんな理想を見事に叶えたホテル5つをご紹介。

ホテル・ナシオナル・デ・クーバ　Hotel Nacional de Cuba
（MAP：P.62）
- Calle 21 y O, Vedado, La Habana
- +53-7838-0294　　reserva@gcnacio.gca.tur.cu
- 1室2名までの利用で1泊180CUC～。

1930年の開業以来、世界中から数多の国賓が宿泊してきた、ハバナのランドマーク。コロニアル様式の美しい建物と、マレコン通りの海岸景色を一望できる中庭は一見の価値あり。2016年に内装を一新し、Wi-Fiをはじめとする設備が充実。

ホテル・サラトガ　Hotel Saratoga
（MAP：P.62）
- Prado 603, esq. a Dragones, La Habana Vieja, La Habana
- +53-786-81000　　reservas@saratoga.co.cu
- 1室2名までの利用で1泊250CUC～。

「カピトリオ」の斜向いに構えるホテル。高級ホテルのなかでは客室数が少ないほうだが、隠れ家のような落ち着いた雰囲気が美点。モダンな内装のカフェや、屋上プールも併設。宿泊料金にはWi-Fi利用料が含まれている。

グランホテル・マンサナ・ケンピンスキ　Gran Hotel Manzana Kempinski
（MAP：P.62）
- Calle San Rafael, e/ Monserrate y Zulueta, Habana Vieja, La Habana
- +53-7869-9100　　reservations.lahabana@kempinski.com
- 1室2名までの利用で1泊400CUC～。

2017年開業。観光の拠点、「パルケセントラル」に隣接する好立地。豪華な客室、ラグジュアリーなスパ、屋上プール、バーに加え、ショッピングモールも併設した未だかつてない華やかなハバナ滞在ができる。

ホテル・サンタ・イザベル　Hotel Santa Isabel
（MAP：P.62）
- Calle Bartillo No.9, e/ Obispo y Narciso López, Habana vieja, La Habana
- +53-7860-8201　　comercial@hotelsantaisabel.habaguanex.cu
- 1室2名までの利用で1泊260CUC～。

1867年に建設されたコロニアル様式の元豪邸を生かした老舗ホテル。建物の老朽化は進んでいるが、ホテルの家具や内装などにはセンスの良さを感じる。旧市街観光に便利な「アルマス広場」に面した好立地。

NHカプリ　NH Capri
（MAP：P.62）
- Calle 21, e/ N y O, Vedado, La Habana
- +53-7839-7200　　reservas1@capri.gca.tur.cu
- 1室2名までの利用で1泊180CUC～。

旧市街やミラマル地区へのアクセスに便利な「ベダード地区」中心の人気ホテル。モダンで清潔感あふれる客室はもちろん、屋上プールやジム、サウナなどの設備も充実。屋上にあるプールサイドのバーからの夜景が評判。

ハバナの
おすすめレストラン ⑩

キューバで特に旅行者の多いハバナは、ローカルフードはもちろん、
スペイン料理やロシア料理など、多国籍に交錯するフードカルチャーがとにかくおもしろい。
ここでご紹介するのは、さまざまなレストランを選ぶことができる
ハバナで押さえておきたい良質なレストラン。もちろん、気になるトイレも快適である。

パパ・エルネスト　Papa Ernesto
インターナショナル料理・キューバ料理　（MAP：P.62）
- San Ignacio No.406, e/ Sol y Muralla, Plaza Vieja, La Habana
- +53-5570-0215
- 8:30 ～ 24:00

「ビエハ広場」近くの人気カフェテリア。ハム＆チーズの盛り合わせやポテトフライ、魚介のマリネ「セビーチェ」など、オードブルとドリンクが豊富。アーネスト・ヘミングウェイとチェ・ゲバラをモチーフにしたかわいいお店。

ラ・テラサ（アストゥリアス・アソシエーション）　La Terraza（Asociación Asturiana）
炭火焼料理・キューバ料理　（MAP：P.62）
- Prado No. 309 Esquina Virtudes, Habana Vieja, La Habana
- +53-5817-8778
- 12:00 ～ 23:30

「ホテル・パルケセントラル」から1ブロック先の便利なプラド通り沿いに構える、炭火焼ダイニング。豚、鶏、ロブスターなどのメインを贅沢に盛り合わせた「ミックス・グリル」がおすすめ。

オレイリー 304　O'Reilly 304
インターナショナル料理・キューバ料理　（MAP：P.62）
- Calle O'Reilly No. 304 e/ Habana y Aguiar, Habana Vieja, La Habana
- +53-7863-0206
- 12:00 ～ 24:00

通称「ジン・バー」とも呼ばれるほど、豊富にジンを取り扱うハバナの超人気店。オリジナルカクテルや創作料理など、"ここだけの味"を楽しめるのが人気の理由。小さなお店なので、週末は予約必須。

ナスダロビエ　Nazdarovie
ロシア料理　（MAP：P.62）
- Malecón No. 25 2piso, e/ Prado y Cárcel. Altos, Centro Habana, La Habana
- +53-7860-2947
- 12:00 ～ 24:00

ロシア系キューバ人シェフによる、本格ロシア料理が味わえる店。フードはロシア風の餃子「ペリメニ」や代表的な肉料理「ビーフストロガノフ」、ドリンクはウォッカベースのカクテルが人気。キューバンロシアンをぜひ！

ハバナ・ミア・シエテ　Habana Mia 7
スペイン料理・インターナショナル料理　（MAP：P.62）
- Paseo No. 7 altos, e/ 1ra y 3ra , Plaza de la Revolución, La Habana
- +53-7830-2287
- 12:00 ～ 25:00

「ホテル・メリア・コイーバ」からパセオ通りを隔てた斜向かいの人気レストラン。通称、「HM7」。トマトやニンニクなどの野菜を味わえる上品な冷静スープ「ガスパチョ」をはじめ、豊富なスペイン料理がおすすめ。

モティーボ　Motivo
キューバ料理・炭火焼料理　（MAP：P.62）
- Calle F No. 63 e/ 3ra y 5ta Vedado, Plaza de la Revolución, La Habana
- +53-7832-8732
- 12:00 ～ 23:30

豚のスペアリブや、ロブスターの炭火焼を提供する地元で人気のレストラン。メインの炭火焼のほかに、魚介のマリネ「セビーチェ」をはじめとする前菜も絶品。いつも地元の人々で賑わう、メニューには定評のある店。

オトラマネラ　Otramanera
スペイン料理・インターナショナル料理　（MAP：P.62）
- Calle 35, e/ 20 y 41, No. 1810, Playa, La Habana
- +53-7203-8315
- 12:30 ～ 15:00 ／ 19:00 ～ 23:00

「カサ・デ・ラ・ムシカ」そばのダイニングレストラン。白を基調としたモダンな店内では、厳選した肉や魚介などのメインを中心に、食材にこだわった創作料理を提供。前菜からデザートまで、フルコースで味わえる。

トロス・イ・タパス　Toros y Tapas
スペイン料理　（MAP：P.62）
- Calle 6, e/ 3ra y 1ra, No. 124, Playa, La Habana
- +53-7202-1548
- 12:00 ～ 24:00

店名が「闘牛」に由来する通り、スペインらしい店内では、ピンチョスやスパニッシュオムレツなどのタパス料理、本格パエリアとともにワインを楽しめる。お隣のイタリアンレストラン「ネロディセピア」もおすすめ。

シエテ・ディアス　7 Días
炭火焼料理・キューバ料理　（MAP：P.62）
- Calle 14, e/ 1ra y Mar, Playa, La Habana
- +53-7209-6889
- 12:00 ～ 24:00

ハバナらしい景観が広がる海岸線沿いに位置し、オープンテラスが開放的なレストラン。ロブスターをはじめ、タコや貝など魚介のグリル料理は、絶品かつリーズナブル。サンセットに、カクテルを飲みに行くのも◎。

ラ・フォレスタ　La Foresta
キューバ料理・インターナショナル料理　（MAP：P.60）
- Calle 17, e/ 174 y 176, Pabexpo, Siboney, Playa, La Habana
- +53-7271-2777
- 12:00 ～ 24:00

プラジャ地区にある高級レストラン。モダンで落ち着いた店内では、食材にこだわったキューバの郷土料理や創作料理とともに、豊富に取り揃えたワインを味わえる。美食家たちをも唸らせる、ハバナの名レストラン。

キューバの"秘郷"

思い描いた通りのキューバを体感できる"テーマパーク"がハバナだとすれば、そのほかの地方都市にはどんな景色が広がっているのだろう……？ キューバという国にもう一歩足を踏み入れると、想像を遥かに超える、数々の絶景と出合うことができる。その風景は、ハバナで生活をするキューバ人たちが思いを馳せる、それぞれの故郷。雄大な自然の強さ、小さな村の人間の素朴さ、大切に受け継がれる伝統文化の美しさ。その一瞬、一瞬に触れるたび、初めて知る土地への感動がこぼれそうになる。マタンサス、ビニャーレス、サパタ湿原、シエンフエゴス、トリニダー、カマグエイ、サンティアゴ・デ・クーバ、バラコア。キューバという国の懐の深さに飛び込む、"秘郷"を巡る旅へ。

マタンサス Matanzas

本島を南北に跨り、キューバのなかでも広大なマタンサス州。その州都マタンサスは、複数の運河が流れ、深く弧を描く湾岸線とともに独特な自然の景観が広がる。キューバ文学史の始まりの都市として知られるだけでなく、18～19世紀の砂糖産業の発展に伴い、移住を強いられた黒人たちの文化が育んだ音楽、ルンバとダンソンの発祥地としても有名。ハバナから行くビーチリゾート、バラデロへの経由地として見落とされてしまいがちなマタンサスには、実はまだまだたくさんの発見がある。

Matanzas | Cave

巨大な地下洞窟

北部には洞窟が点在。市街地から車で約15分の「ベジャマル洞窟」は、マタンサスのなかで最大規模の全長約2,500メートル。薄暗く、湿った洞窟内には、高さ20メートルを超える鍾乳石や妖麗な石英の白壁、透明度の高い泉水など神秘的な光景が広がっている。

ベジャマル洞窟
Cueva de Bellamar
（MAP：P.70）
⌂ Carretera a las Cuevas, Matanzas
☎ +53-4526-1683
🕘 9:00 ~ 16:30
ℹ 入場料は8CUC。洞窟のガイドツアーは約1時間。荷物は入口のロッカーに預ける必要があるので、軽装が良い。

ハバナからマタンサスへの架け橋

マタンサスの州境にある「ユムリ渓谷」にかかるバクナヤグア橋は、なんとキューバ最長の全長313メートルを誇る大きな橋。隣接する展望台では、帝王ヤシが林立する渓谷を眺めながら、絶品のピニャコラーダを味わうことができる。

バクナヤグア橋
Puente de Bacunayagua
◉ Circuito Norte, Puerto Escondido, Matanzas

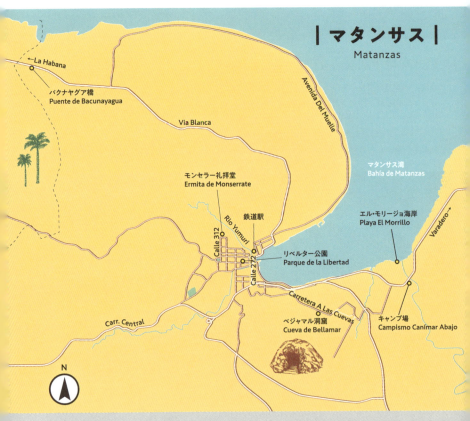

長距離バス「ビアスール」で、ハバナからマタンサスまでは約2時間、料金は片道7CUC。バラデロからマタンサスは約1時間、料金は片道6CUC。また、キューバで唯一の鉄道「ハーシー線」で、ハバナの「カサ・ブランカ駅」から「マタンサス駅」までは約4時間、2017年時点では1日3往復運行。車両にクーラーやトイレなどの設備は乏しく、長距離移動には厳しい環境なので、鉄道好きにおすすめ。

ビニャーレス Viñales

ハバナから西へおよそ180キロ進むと、「モゴーテ」と呼ばれる独特なカタチをした石灰岩の山が聳え立つ高原が現れる。ここは、ピナール・デル・リオ州、オルガノス山脈にあるビニャーレス渓谷。風光明媚な山麓にある、いくつかの大きな洞窟は、かつて先住民の住居となり、植民地時代には奴隷たちの隠れ家となり、独立戦争時代には革命家たちの潜伏地として使われた。さらに渓谷の麓に広がるのは、伝統的な農法によって栽培されるタバコの田園風景。カルスト地形が生み出した雄大な自然のなかで、それらの歴史を間近に感じることができるだろう。

大地に広がる風の谷、世界遺産「ビニャーレス渓谷」

キューバのなかでも比較的知られているこのビニャーレス渓谷は、この地特有の地形の美しさと、今なお伝統農法を営む農村の風景が融合した希少な景観として1999年ユネスコ世界遺産に登録された。渓谷を一望できる、「ホテル・ロス・ハスミネス」横にある高台の展望台は、夕暮れ時に立ち寄りたい場所。

ビニャーレス渓谷の展望台　Mirador Valle de Viñales　(MAP：P.75)
🏠 Carretera a Viñales, Km. 23, Viñales, Pinar del Río (Hotel Los Jazmines)

"葉巻の原風景"に出合える場所

ここピナール・デル・リオ州は、高品質の葉巻の産地として知る人ぞ知る場所。渓谷にも、伝統農法によって栽培する多くのタバコ農園が存在する。農家の目印は、「ベゲーロ」と呼ばれる、かやぶきを敷き詰めたような3角形の小屋。干されるタバコの葉の香りに包まれながら、葉巻ができるまでのプロセスを学び、目の前で巻かれるフレッシュな1本をその場で楽しむことができる。葉巻にはちみつをたっぷりつけて味わうチェ・ゲバラ流のほかに、贅沢にもラム酒やコーヒーを"フレーバー"にするビニャーレス流の嗜み方も。タバコの葉がみずみずしく育つのは、1月～3月。

アレグレ農園　Rancho Alegre（MAP：P.75）
🏠 Fondo de camino Rancho Alegre, Viñales, Pinar del Río

小川が流れる、大洞窟

ビニャーレス周辺には、カルスト地形によって生まれた鍾乳洞が多く存在する。そのうちのひとつ、渓谷から5キロ北上したところにある「インディオ洞窟」は、鍾乳洞内に流れる全長450メートルほどの小川をボートで約20分探検することができる。ハバナからの日帰りツアーで立ち寄るのもおすすめ。

インディオ洞窟　Cueva del Indio
(MAP：P.75)
9:00〜17:30　入場料は5CUC。

ビニャーレス
Viñales

長距離バス「ビアスール」で、ハバナからビニャーレスまでは約3時間半、料金は片道12CUC。ビニャーレスは、一般的な葉巻農園や洞窟へのツアーに加え、自転車ツアー、乗馬ツアー、ハイキング、トレッキング、ロッククライミング、バードウォッチングなどさまざまな自然ツーリズムがある。現地ツアーや、フリープランに便利な周遊バスの手配は、市街地にある「インフォツール」へ。宿泊は、ホテルよりもカサがおすすめ。

Ciénaga de Zapata | Villa Guamá

サパタ湿原　Ciénaga de Zapata

マタンサス州の最南部に位置するサパタ湿原は、湿原らしい豊かな自然資源と野生の動物たちが多く生息する聖域として国立公園に指定されている。「サパタ湿原国立公園」内のグアマ地区は、この一帯を周遊する観光の拠点で、キューバ人のなかでは新婚旅行で訪れたい人気リゾート地として評判のスポット。また南部には、「プラジャ・ヒロン」湾岸を中心に、キューバで人気NO.1の「ロス・ペセス」や「プンタ・ペルディス」など有数のダイビングスポットと、米国支援のもと在米亡命キューバ人部隊がフィデル革命政権の打倒を試みた「ピッグス事件」の舞台となったコチノス湾がある。

タイーノ族の息吹に触れる
テソロ湖の水上コテージ

鬱蒼としたキューバ南部の密林に流れる、壮大な運河。大地の力強さに抵抗するように、まるで木の葉のような小さいモーターボートで走り抜ける。その先に現れるのは、ただ野鳥や虫の音だけが共鳴する「テソロ湖」の美しい湖面と、先住民「タイーノ族」の家を再現した水上コテージ「ビジャ・グアマ」だ。周囲360度、見わたす限りの湖に囲まれたこのコテージでは、湖の水生植物や野鳥に触れ合う、手漕ぎボートツアーを緩やかに催行。このツアーでは、タイーノ族の暮らしを再現した小島へ辿り着くことができる。霧に包まれた水面でハスがひっそりと花を咲かせる早朝、黄金色の光に辺り一面満たされる夕暮れ、月柱が湖面に射し込む漆黒の夜。湖水に浮かびながら、太古に生きた人々の息吹すら感じさせるこの湖は、その名の通り、"宝＝テソロ"のようなひと時を与えてくれる。

ビジャ・グアマ　Villa Guamá（MAP：P.79）
🏠 Carretera Playa Larga, km19, La Boca, Laguna del Tesoro, Península de Zapata, Matanzas
☎ +53-4591-5551
ℹ 1コテージ2名までの利用で1泊50CUC～（シーズンにより価格は変動）。コテージへは、「ボカ・デ・グアマ」船着場のボートで往復12CUC（宿泊費とは別料金）。雨天欠航となる場合があるので、天候には十分注意。虫除けと懐中電灯を携行すると良い。

ワニ園
Criadero de cocodrilos（MAP：P.79）
🏠 Boca de Guamá en Bahía de Cochinos. Matanzas
🕐 9:30 〜 17:00
📞 +53-4591-5666
ℹ️ 入園料は、大人 5CUC、子ども 3CUC。そのほかの自然ツーリズムへの参加は、ハバナ及びバラデロで事前手配すると良い。まずは、「インフォツール」で最新の状況をチェック。

サパタ半島周辺の自然ツーリズム

コチノス湾やサパタ湿原にある国立公園を中心に、このエリアのさまざまな自然ツーリズムが注目されている。キューバでぜひ訪れてもらいたいのが、「ワニ園」。ブリーディングで高い評価を受けるこのワニ園では、生後1カ月ほどの赤ちゃんワニの見学のほかに、直接手で子ワニに触れることもできる。園内の沼地には、約3メートルのワニが100匹ほど生息。ここでチャレンジしてもらいたいのが、一見、岩のように静寂なワニたちへエサを与えること（1CUC）。ほんの一瞬だけ、"本来の姿"を見ることができるはず……。また、このほかにおすすめのツーリズムは、野鳥の楽園、ラス・サリナス地区でのバードウォッチングツアーやキューバで人気のダイビングスポット、プンタ・ペルディスがある。

トリニダー Trinidad

丸石を敷き詰めた石畳と、パステルカラーに彩られた家並み。16世紀初頭のスペイン支配下の面影を色濃く残す市街地は、ゆったりした時間のなかに人情味あふれた暮らしが見える、どこか居心地の良さを覚える場所。サトウキビ・プランテーションにより、砂糖産業と奴隷売買の中心地として発展したトリニダーは、奴隷制度廃止とともに衰退。往時の光と影を残すこの街は、郊外の「ロス・インヘニオス渓谷」とともに1988年ユネスコ世界遺産に登録された。砂糖や奴隷の売買が行われていたマヨール広場を中心に、「サンティシマ教会」、黄色い塔が象徴的な「革命博物館」、先住民の暮らしを伝える「グアムアヤ考古学博物館」など見どころが多い。音楽が盛んな場所としても知られ、夜は、随所でライブを見ることができる。

陶器作りを見においで

クロッシェが得意なの

古都、トリニダーの街さんぽ

トリニダーは、赤土の陶器や織物など「工芸の街」としても有名。街の至るところで、ものづくりに触れる民芸品市に出合えるので、つい街歩きに夢中になってしまう。一つひとつ手作業で繊細に縫い上げられる「ファゴッティング」や、キューバのカクテル「ラ・カンチャンチャラ」の陶器もここで生まれたもの。点在するセラミック工房では作陶の様子を見ることができる。この街は、とにかく興味の赴くままに歩いてみると新しい発見があるはず。

Cienfuegos | Waterfall

神聖な山の「エル・ニチョの滝」

シエンフエゴスとトリニダーから車で約2時間。キューバ3州に跨る大きな山脈「エスカンブライ山脈」は、国の自然保護区に指定されるエリア。この山脈でわずかに一般解放されている「エル・ニチョ保護地区」では、キューバ内陸を流れる大きな「アナバニーラ川」に沿うように湧き出る滝や、起伏によって生まれた洞窟など、ここだけでしか味わえない大自然の醍醐味を体験できる。なかでも、間近で見ることができるこの「エル・ニチョの滝」は、予想を上回るスケールの瀑布がダイナミック。この地区にある通称「プール」と呼ばれる滝は、天候によって水質がエメラルドグリーンに変化する、美しい滝壺で泳ぐことができる。シエンフエゴスやトリニダーまで訪れるならぜひ足を伸ばしてもらいたい、とっておきのスポットだ。

エル・ニチョの滝　Cascada del Nicho（El Nicho）
🏠 El Nicho, Cienfuegos.　⏰ 8:30 ～ 18:30　※日によっては閉場が早まることも。
ℹ 入場料は 5CUC。天候により遊泳禁止となるので、遊泳希望者は入口で確認を。入口にレストランあり。

エル・ニチョへのアクセス
シエンフエゴスから車で片道2時間弱。旅行会社「ハバナツール」「クバナカン」の日帰りツアーは、トリニダーへ到着するコースも選べる。タクシーの場合、料金は70CUC～。
トリニダーから車で片道約2時間強。旅行会社「エコツール」「ガビオタツール」の日帰りツアー及びジープのチャーターがおすすめ。ジープの半日チャータ料金は90CUC～。現地最新情報は各地の「インフォツール」で確認を。

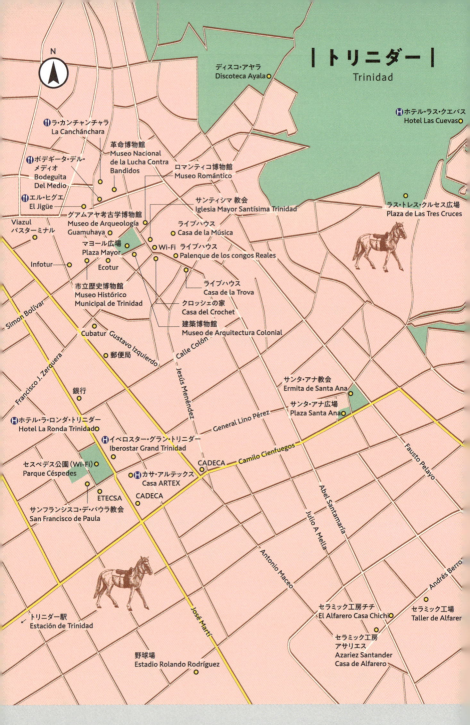

カマグエイ Camagüey

交互に入り組む道に、素焼きの赤い屋根が連なる、まるでヨーロッパのような街並み。1530年代にはこの景観が完成されていたという「カマグエイ歴史地区」は、16世紀から19世紀にかけて、スペインの植民地における主要な都市として発展。キューバのなかでもスペインの文化が色濃く残されている。カトリックの信仰が深く、聖堂や修道院、礼拝堂など、当時の街並みを伝える建造物は今なお大切に残され、文化的・歴史的に価値ある場所として、2008年にユネスコ世界遺産に登録。さらに、映画・アート・音楽など、現代のキューバ文化における重要な都市なので、この歴史地区を歩いているだけで、たくさんのアーティストたちにも巡り合えるだろう。

カンデラリア大聖堂
Catedral de Nuestra Señora de la Candelaria
（MAP：P.88）
⌂ Cisneros No. 168, Camagüey
☎ +53-3229-4965
ℹ 入場無料だが、塔に登る場合は1CUC。この大聖堂のほかに、「メルセー教会（Iglesia de Nuestra Señora de la Merced）」も街を一望できるスポット。1～2時間で歴史地区を周遊するには「ビシ・タクシー」がおすすめ。料金は交渉制で5～10CUC程度。

Camagüey | City View

アーティストに出会える
街角のギャラリー

文化が盛んなカマグエイには、映画館やライブハウスのほかに、アーティストのアトリエ兼ギャラリーが多く存在する。なかでも、お気に入りは「ギャラリー・ラリオス」。アーティストであり、このギャラリーを運営するオレステス・ラリオス・サークさんが生み出すのは、マメハチドリをはじめ、キューバの自然をモチーフにした繊細な絵画作品。ギャラリーではキューバ人アーティストによる展示が常時行われているだけでなく、店内に併設されたラリオスさんのアトリエも見学することができる。地元では、「ギャラリー・マルタ・ヒメネス（Galería Martha Jiménez）」が有名どころ。

ギャラリー・ラリオス
Galería Larios（MAP：P.88）
🏠 Calle Independencia No.301 e/
　General Gómez e Ignacio Agramonte, Camagüey
🕘 9:00 ～ 21:00
ℹ️ 不定休。カマグエイの博物館やギャラリーは、
　日曜休みの場合が多いので注意。

Column

暮らしのエンターテインメント、国営ラジオ放送

ライブやコンサート、ナイトクラブ、キャバレーなど、音楽のエンターテインメントが豊富な国、キューバ。特に私が楽しんでいたのは、国営のラジオ放送である。流行りのキューバン・ポップス、キューバの伝統音楽、歌謡曲……、ジャンルレスに音楽を楽しめるだけでなく、毎日のニュースや気になるラジオドラマ、インタビューなど、さまざまなキューバの文化が、ラジオを通じてごく自然に暮らしへ流れ込んでくる。その手軽さが私にぴったりのエンターテインメントであり、文化にまつわるトピックを収集しにくいこの国において、とっても貴重な情報源である。おすすめのラジオ放送局は、「ラジオ・タイーノ」(周波数は各都市で異なる)。キューバ在住の外国人向けに、ラテン音楽をたくさん盛り込んでいるそう。言葉がわからなくても楽しめるので、ぜひトライしてもらいたい。

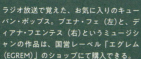

ラジオ放送で覚えた、お気に入りのキューバン・ポップス。ブエナ・フェ(左)と、ディアナ・フエンテス(右)というミュージシャンの作品は、国営レーベル「エグレム(EGREM)」のショップにて購入できる。

旅路で見つけた、カマグエイのラジオ放送局「ラジオ・カデナ・アグロモンテ」(FM 105.3 MHz)。ローカル放送局なら、ハバナの「ラジオ・シウダー・デ・ラ・ハバナ」(FM 94.7 MHz)がおすすめ。

キューバから音楽が消えた1週間

2016年に逝去したフィデル・カストロの喪中は、サルサをはじめ、音楽を自粛するようキューバ全国へ通達がされ、街から音が消えた。テレビ放送やライブ公演のプログラムがことごとくキャンセルされるなか、唯一ラジオ放送では、ある歌声だけを聴くことができた。そのミュージシャンは、ヌエバトローバというキューバ音楽で一躍その名を世に広め、国を代表する超・大御所、シルビオ・ロドリゲス。キューバから音楽が消えた1週間、ひたすら流れ続けた彼の歌声が、今でも記憶に残っている。

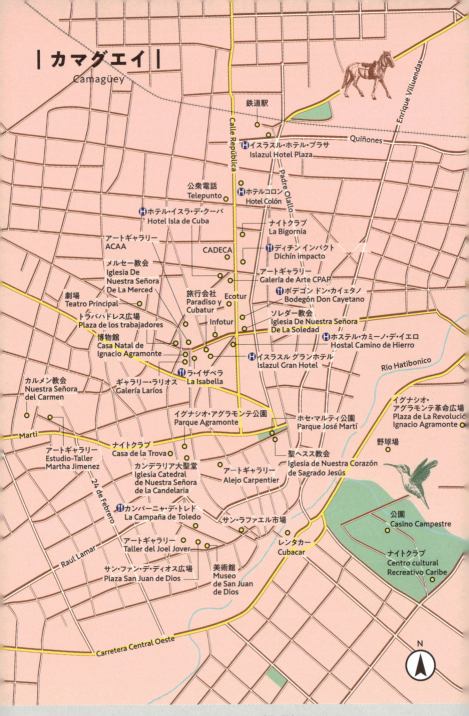

長距離バス「ビアスール」で、ハバナからカマグエイは約9～10時間、料金は33CUC。
トリニダーからカマグエイは約5時間、料金は15CUC。「クバーナ航空」は週4便運航。
ハバナからカマグエイ「イグナシオ・アグラモンテ国際空港」までの料金は往復204CUC。

青年の島 Isla de la Juventud

ハバナを南下した、カリブ海に浮かぶ「青年の島」。キューバ本島に次いで大きいこの島はもともと、松の木が多く生息していることにより、スペイン語で"松島"に由来する「ピノス島」と呼ばれていた。しかし、後にアフリカを中心に世界各地から多くの学生を招致し、教育の場を提供していたことにより、1978年には現在の名前へ改称。島全体がいかにも田舎らしいのどかな雰囲気に包まれているが、実はキューバの歴史においてキーポイントとなる。北部は黒いレキ岩がとれる「シエラ・カナダ」という小山がシンボリックに聳え立ち、南部は先住民の岩絵が残される「プンタ・デル・エステ洞窟」や、透明度の高い海が広がるダイビングスポット「プンタ・フランセス」が有名。観光開発こそ進んでいないものの、山海に恵まれた豊かな自然には今後の発展が大きく期待されている。

「モデーロ刑務所」博物館　Museo Presidio Modelo
（MAP：P.91）
🏠 Reparto Delio Chacón, Nueva Gerona
☎ +53-4632-5112　🕐 火～土 8:30～16:30　日 9:00～13:00
ℹ 入場料は 1CUC。

重要な歴史が眠る場所、「モデーロ刑務所」

遠方5キロ地点からでも圧倒的な存在感を放つ「モデーロ刑務所」。「モンカダ兵営」襲撃に失敗した、フィデル・カストロが収監された場所として広く知られているが、ここには私たち日本人が知っておくべき歴史がある。実は、1900年代から移民として多くの日本人がキューバへ渡り、サトウキビ産業や農業に取り組みながらこの土地に根を下ろそうと努力していた。しかし第2次世界大戦が始まると、当時米国政権下にあったキューバ政府は、日本を敵国とみなし、この国に移り住んだ日本人男性を無条件にこの刑務所に収容した。博物館となった現在の刑務所内には、フィデルを筆頭にした反バチスタ軍の資料とともに、当時収容された日本人の資料も展示。この島で訪れるべき場所のひとつである。

Column

キューバの日本史

キューバの街を歩いていると、「チーナ！（中国人！）」と言われるのが日常茶飯事。そこで「日本人だよ」と答えると、ものすごく嬉しそうに笑うキューバ人に多く出会う。キューバ人の"日本好き"は、勝新太郎が出演する映画『座頭市』にはじまり、NHK連続テレビ小説『おしん』やアニメ『NARUTO-ナルト-』など、キューバで放送される日本のテレビ番組の影響が大きい。でも、もしかしたらこの国で懸命に暮らしてきた日本人の存在がそれを大きく上回るのかもしれない。キューバの地を踏んだ最初の日本人は、伊達政宗の名を受けた、慶長遣欧使節の支倉常長。その後1900年代から、農業を目的に多くの日本人がキューバに渡った。キューバでの暮らしは、決して楽なものではなく、かなり厳しい時代が続いたとよく耳にする。特に第2次世界大戦時は、当時米国政権下にあったキューバから敵国民とみなされた、約350人もの日本人男性がモデーロ刑務所に強制収容。収容された当事者も、残された家族も、すべてが圧迫させられた時代だったそうだ。それから数十年が経ち、この島で出会った3世からは、むしろ1世への尊敬と誇りさえ感じた。つまり"負の歴史"よりも、「日本人がキューバでできること」を模索し続け、この地へ貢献してきた"負に勝る歴史"が確かに受け継がれているということだ。今回、青年の島を案内してくれたミヤザワノボルさんは、日本の文化を伝える文化センターをこの島に造ろうと計画中。日本人の血が流れているという自分のルーツを誇りに思いつつ、その志をこの地に根づかせようとする努力が、今日の日本とキューバの友好関係を強く結んでいるのだと実感することができた。

青年の島
Isla de la Juventud

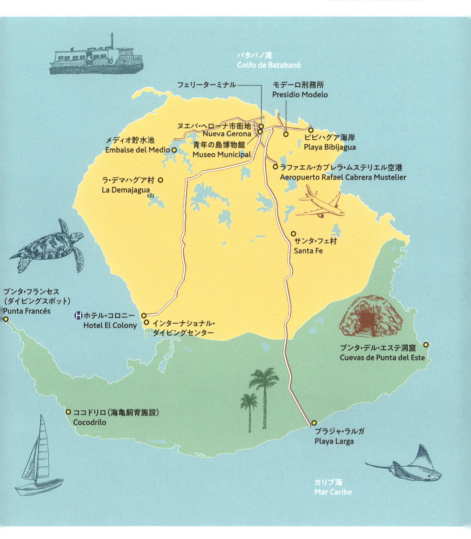

「クバーナ航空」で、ハバナから青年の島（ヌエバ・ヘローナ）までの料金は往復82CUC。1日2往復運航。
島の南西部にある「ホテル・コロニー」内の「ダイビングセンター（International Diving Center El Colony）」（☎ +53-4639-8282）では、ダイビング手配が可能。事前予約が必須で、電話にて再確認をすること。また、美しい自然や動物たちの営みがある南部は、軍管轄地域で一般的には立入禁止。現地、旅行会社の「エコツール（Ecotur）」（☎ +53-4632-7101 ※営業時間は、8:00～16:00）のみ観光ツアーの予約ができるが、許可申請には2週間以上時間が必要。

サンティアゴ・デ・クーバ

首都、ハバナから900キロほど離れた、キューバ第2の都市、サンティアゴ・デ・クーバ。西部はビニャーレスから始まり、本島横断の末に到着した南東部の大型都市だ。キューバのなかでも街の創設が早く、1515年以降に建設されたコロニアル様式の街並みが今なお残されるエリアだが、それ以上に見受けられるのは、1950年代に起きたキューバ革命による"名残りの深さ"。中央都市、カマグエイからサンティアゴ・デ・クーバまでは革命政府による着色が徐々に強くなる旅路を進むが、まさに「ここが源流である」と認識できたのは、いかにも社会主義国らしいプロパガンダや革命家たちの肖像を見たからだろう。これまで旅をしてきたどの都市とも違う、"一種の緊張感"。この街には、ひと言では語り尽くせないキューバの歴史がある。

Santiago de Cuba | City View

キューバ革命の震源地、
7月26日モンカダ兵営博物館

1953年7月26日、フィデル・カストロ率いる121名の革命軍は、バチスタ政権の重要な軍事拠点であったこのモンカダ兵営を襲撃。この作戦自体は失敗、61名の仲間が犠牲となり、フィデルは生き残った仲間とともに青年の島の「モデーロ刑務所」へ収監。建物の壁にはこの襲撃の経緯が残されており、館内には、革命軍が使った所持品や武器、バチスタ政権による拷問の様子など、キューバ史において重要な革命の資料が展示されている。また、街中で見かける「M-26-7」「26-J」と書かれた赤と黒の国旗は、フィデルがチェ・ゲバラたち82名を集め再結成した反バティスタ革命組織「7月26日運動(Movimiento 26 de Julio)」のシンボル。

7月26日モンカダ兵営博物館
Cuartel Moncada /
Museo 26 de Julio (MAP:P.107)
🏠 Calle General Portuondo (Trinidad) y
 Avenida Moncada, Santiago de Cuba
☎ +53-2262-0157
🕐 月〜土 9:00〜19:00 日 9:00〜12:30
ℹ️ 入場料は2CUC。入口の壁は、バチスタ政権が塗り潰したものを革命政府が元の状態に戻した、記憶に留めるべき歴史の痕跡。外観だけでも見に足を運んでもらいたい。

英雄たちが眠る場所、サンタ・イフィヘニア墓地

2016年11月25日にフィデル・カストロ前議長が逝去し、翌26日から12月4日までの9日間、国中が喪に服した。遺灰を乗せた車列はハバナを出発後、キューバ革命のルートを一つひとつ確かめるように丸2日かけて移動し、12月3日にサンティアゴ・デ・クーバへ到着。生前から本人が切望していた、ホセ・マルティ廟（写真下）のそばに埋葬された。「FIDEL」とだけ、シンプルに名前が刻まれた廟には、全国から多くの人々が献花に訪れている。敷地内には、世界最大のラム酒産業を築いたメーカー「バカルディ」の一族や、映画『ブエナ・ビスタ・ソシアル・クラブ』で知られるミュージシャン、コンパイ・セグンドも眠っている。

サンタ・イフィヘニア墓地
Cementerio de Santa Ifigenia
（MAP：P.107）
🏠 Cementerio de Santa Ifigenia, Avenida Capitán Raúl Perozo
🕗 8:00～18:00
（季節により変更あり）
ℹ 入場料は3CUC。「セスペデス公園」周辺からタクシーで約10分、料金は3～5CUC程度。

故郷を想う、キューバの大衆音楽

"音楽の国"キューバでは、プロの演奏はもちろん、弾き語りのご老人からクラシックカーのラジオまで、歩いているだけで街の至るところから音楽が聴こえてくる。ここサンティアゴ・デ・クーバは、キューバ伝統民衆音楽「ソン」の発祥地。"音楽の都"、"キューバ音楽のゆりかご"などの愛称で親しまれ、音楽がとても盛んな街として知られている。そもそも、スペインとアフリカの文化が融合した、この地で独自のリズムが発展。ソンを基幹音楽にし、ルンバ、マンボ、チャチャチャ、ダンソン、サルサ、キューバン・ジャズなど、多様なジャンルへと枝分かれされた。実はハバナとサンティアゴ・デ・クーバでは、ソンのスタイルが異なるそうだ。キューバ南東部から世界へ輩出されたミュージシャンたちにとって、「ソン」は、最も"故郷を想う音楽"ではないだろうか。

カサ・デ・ラス・トラディシオネス
Casa de las Tradiciones (MAP：P.107)
🏠 Calle General Jesus Rabí No.154, Santiago de Cuba
☎ +53-2265-3892
⌚ 20:30 ～
※日によって閉店時間は異なる。
ℹ 入場料は1CUC～。ソン、トローバ、ボレロを中心に、最も旬な地元のバンドを聴けるライブハウス。常連客が多く、リズムに合わせて軽やかに踊る、本場の雰囲気を味わえる場所。市街地から離れた「チボリ地区」にあるため、移動はタクシーがおすすめ。

カサ・デ・ラ・トローバ
Casa de la Trova (MAP：P.107)
🏠 Heredia No.208, esq. a San Felix, Santiago de Cuba
☎ +53-2265-2689
⌚ 10:00 ～ 25:00
ℹ 1階は1CUC、2～3階は5CUC。映画『ブエナ・ビスタ・ソシアル・クラブ』に登場するコンパイ・セグンドや、エリアデス・オチョアを世に輩出したことで知られる、キューバで最も有名なトローバのライブハウス。公演は入口の掲示板に毎日公開。

階段書店　Librería la Escalera
(MAP：P.107)
🏠 Heredia No. 265, Santiago de Cuba
🕙 10:00 ～ 22:00

東部に眠る、
古書と中古レコード

壁一面を覆い尽くす、うっすら日に焼けた古書と紙片。お店の端っこで人々の"お迎え"を待つ、「アンティーク」という名のガラクタの山。そして、いかにも無造作に並べられた通路のレコード……。「ここには、掘り出しものが眠っているに違いない」。入口から店内を見わたしただけで、そんな期待と裏腹に勇気が湧く、この街で唯一の古書店「リブレリア・エスカレーラ（階段書店）」。古書やガラクタは店内だけでなく、奥の階段にも下から上までみっちりと積み上げられている。キューバの国民的英雄、ホセ・マルティによる小説やアーカイブ、彼が好んだ作品、そして、チェ・ゲバラの記録資料など、この国にまつわる古書が豊富。ここにしかない、掘り出しものと出合えるはず。

Santiago de Cuba | Castillo de San Pedro de la Roca

カリブ海に佇む要塞
サン・ペドロ・デ・ラ・ロカ城

カリブ海に面するマエストラ湾岸の崖の上で、1700年よりこの地を守り続ける城塞は、1637年に設計を開始し、翌年1638年に建設を開始してから完成までに42年もの歳月を費やした。建設中には度重なる海賊の襲来やイギリス軍との戦争、震災などにより崩壊と修復を繰り返した建物は、南北米をはじめカリブ諸国を含む米州において、スペインが築いた軍事建築物のなかで最も状態が良いものとして1997年にユネスコ世界遺産に登録。礼拝堂や宿舎、さらに牢獄が設備され、かつて襲撃を防ぐための装甲「シタデル」が施された最上層からは、カリブ海の美しい水平線を一望できる。

サン・ペドロ・デ・ラ・ロカ城（モロ要塞）
Castillo de San Pedro de la Roca del Morro
（MAP：P.107）
- Carretera del Morro Km. 7½, Santiago de Cuba
- +53-2269-1569
- 冬季 9:00 ～ 18:30　※夏季は 9:00 ～ 19:30
- 入場料は 4CUC。市街地からタクシーで約 15 分、料金は往復 10 ～ 15CUC が目安。

"天空の巨石"、グラン・ピエドラ

サンティアゴ・デ・クーバが位置するマエストラ山脈は、キューバでも特に起伏の激しい地形だといわれるだけでなく、フィデル・カストロやチェ・ゲバラたち革命軍の戦闘地としても知られる場所。市街地から続く山道を車で走ること約1時間で到着する「グラン・ピエドラ国立公園」の1角には、まるで空から山頂へそっと乗せたような見事な1枚岩が聳え立つ。心もとないハシゴで岩を登りきった先には、見わたす限り遮るもののない目一杯の山脈。その標高、実に1,234メートル。459段もの石段を自らの足で登る道中では、日によって"きり雲"に包まれる神秘的な光景を目の当たりにできるだろう。

グラン・ピエドラの巨石
La Gran Piedra

- La Gran Piedra, Santiago de Cuba
- 8:00 〜 16:00
- 入場料は2CUC(ドリンク付)。市街地からタクシーで往復料金60CUC程度。アップダウンの激しい山道なので、機能性に優れた車体を選ぶと良い。

コーヒー農園跡地の花園、アベ・デ・パライソ植物園

ユネスコ世界遺産「キューバ南東部のコーヒー農園発祥地の景観」の一部となる、「グラン・ピエドラ国立公園」には、農業が盛んに行われた植民地時代の名残を残す、コーヒー農園跡地が多く存在する。そんなコーヒー農園跡地から植物園へと新たに土地を育んだのが、この「アベ・デ・パライソ植物園」だ。アベ・デ・パライソとは、色鮮やかなオレンジと青の花を咲かせるアフリカ原産の植物「ストレリチア」こと「極楽鳥花」を意味するスペイン語。その名前の通り、園内にはストレリチアを中心に、300品種を超える中南米の植物を見ることができる。なかには、まるでチョウのように草木の間を羽ばたく"キューバの妖精"、「マメハチドリ」の姿も。

アベ・デ・パライソ植物園
Jardín botanico Ave del Paraíso
🏠 La Gran Piedra, Santiago de Cuba
🕘 9:00 ～ 18:00
ℹ️ 入場料は3CUC、職員によるガイドあり。道路沿いの小さな看板から徒歩500メートルほど進むと、植物園の入口につき当る。

ホテル・エル・カスティージョ バラコア
Hotel El Castillo Baracoa
- Calle Calixto García, Loma de Paraíso, Baracoa
- +53-2161-5165
- 宿泊は別途料金。ほかに、「洞窟考古学博物館」からもバラコア市街を一望できる。

サンティアゴ・デ・クーバから行く
キューバ最東端の都、バラコア

サンティアゴ・デ・クーバから続くマエストラ山脈を北東部へ抜け、「キューバで最も美しく、最も危険」といわれる険しい山岳道路「ラ・ファローラ」を進むこと約5時間。いかにも沿岸部らしい潮風が吹き抜ける最東端の街、バラコアは、スペイン人の総督、ディエゴ・ベラスケスによって、1511年に創建されたキューバの最初の都。たおやかに弧を描く「バラコア湾」に沿うように家屋が立ち並ぶ街の西部には、見事なテーブルマウンテン「ユンケ山」がどっしりと腰を据える。海・山・川を有する、豊かな自然環境が心を癒す保養地として、国内外から多くの人々が訪れる場所。自然ツーリズムはもちろん、穏やかに流れる時間のなかで、この地ならではの歴史や文化を堪能できる。

上質なチョコレートが生まれる、"カカオの道"

キューバで唯一、カカオの栽培が行われているバラコアのカカオ豆は、その品質の高さが世界から注目を集めている。市街地から車で15分ほどのカカオ農園がある一帯「カカオの道 (Sendero del Cacao)」は近年、旅行者だけでなく、著名なショコラティエから農学者までの"カカオハンター"たちも訪れる、知る人ぞ知るスポットに発展。そのうちのひとつのカカオ農園「ドゥアバ農園」では、園内のカカオの樹を巡りながら、カカオ豆の伝統的な熟成方法からカカオパウダーとして工場へ出荷するまでのプロセスを紹介するガイドツアーを催行。ツアーでは、日本で食べることのできない、ライチのような果肉をしたフレッシュなカカオの実を食べることができる。カカオは、温暖かつ湿潤な大地が育む天然のスーパーフード。カカオ豆、カカオの実のほかに、強い苦味が尾を引くカカオのタネも栄養剤として食べられているそうだ。

ドゥアバ農園　Finca Duaba
- Carretera a Santa Rosa, Mabujabo, Baracoa, Guantánamo
- 10:00 ～ 16:00
- 入場料は 2CUC（チョコレートドリンク付）。個人での訪問可能。園内ツアーの後で、ガイドにチップを忘れずに。

バラコア郊外の自然ツーリズム

「プリアル山脈」に囲まれるバラコアに山岳道路が建設されたのは1960年代に入ってからのこと。依然として未開拓であるこのエリア郊外では、代表的なユネスコ世界遺産「アレハンドロ・デ・フンボルト国立公園」をはじめ、「ユンケ山」へのトレッキング、トア川やドゥアバ川への渓谷下り、カカオ農園見学など、さまざまな自然ツーリズムを体験することができる。写真のはちみつ川では、ジープで川を渡るジャングルツアーを催行。市街地にある「インフォツール」では最新の現地情報をアドバイスしてくれるので、自然ツーリズムへの参加はぜひご相談を。

インフォツール・バラコア
Infotur Baracoa
🏠 Calle Antonio Maceo No.129, e/ Frank País y Maraví, Baracoa（市街地中央にある歩行者天国エリア内）
☎ +53-2164-1781
🕐 月〜土 8:00 〜 12:00
ℹ️ 直接ツアーへの申し込みはできないが、各旅行会社の催行状況を一括で調べてくれる、強い心の拠りどころ。

バラコアの郷土料理

新鮮な魚介にたっぷりと添えられた、ココナッツソースとチョコレートソース。熱帯気候が生み出すこのエリアの特産物、ココナッツとカカオを生かしたバラコアの郷土料理は、各地域の味があまり存在しないキューバではとっても貴重なもの。素朴なキューバ料理をより引き立てる、クリーミーなココナッツソースと香りとコクが口に広がるチョコレートソースは、1度食べるとクセになるほどの絶品だ。そんなバラコア料理は、思い出す度にどうしても食べたくなる、キューバの"故郷の味"がした。

Column

「コロンブスの十字架」を忘れずに

1492年、2度目の航海でキューバ島を発見したコロンブスは、ここバラコアに到着。この地を「ポルト・サント」と名づけ、ヨーロッパから持ってきたと伝えられる木製の十字架を湾岸に建てたそうだ。当時、2メートルほどあったこの十字架は、"幸運をもたらすもの"として人々によって少しずつ削り取られてしまったため、現在、高さ60センチほどしか残されていない。しかしながら、歴史上で語られるだけでなく、500年以上前に開拓意欲に燃えていたコロンブスの痕跡を確かめることができる、この重要な場所へ立ち寄ることを忘れずに。

サンティアゴ・デ・クーバ
Santiago de Cuba

「クバーナ航空」で、ハバナからサンティアゴ・デ・クーバ（アントニオ・マセオ国際空港）までの料金は片道135CUC。毎日2便運航。アントニオ・マセオ国際空港から市街地へは、タクシーで10〜15分、料金は10CUC。長距離バス「ビアスール」で、ハバナからサンティアゴ・デ・クーバまでは14〜17時間、料金は片道51CUC。時間は経由地により異なる。なお、郊外へのアクセスは、タクシーのチャーターが便利。距離や車体、時間により異なるが、料金は1時間で15〜20CUC程度。

Information

1度は宿泊したい、サンティアゴ・デ・クーバのホテル ⑤

サンティアゴ・デ・クーバのホテルは、都市の大きさに比べて数が少ないうえに、広域に点在している。ここでご紹介するのは、観光や食事へ出かけるのに便利な市街中心部。なおハバナとは異なり、Wi-Fi 設備のないところが多いので、ホテル選びは慎重に。

ホテル・カサ・グランダ　Hotel Casa Granda
(MAP：P.107)
- Calle Heredia No. 201, esq. a San Pedro y San Félix, Santiago de Cuba
- +53-2265-3021 ～ 24
- 1室1名の利用で1泊 90CUC ～。

観光拠点となる「セスペデス公園」に面した、1914年創業の老舗ホテル。エレガントな客室をはじめ、公園を見下ろせるカフェテリアや5階にあるオープンエアーのバーが人気。「カサ・デ・ラ・トローバ」へは徒歩1分以内。

ホステル・サン・バシリオ　Hostal San Basilio
(MAP：P.107)
- Calle San Basilio No 403, e/ Calvario y Carnicería, Santiago de Cuba
- +53-2265-1702
- 1室1名の利用で1泊 80CUC ～。

「セスペデス公園」から徒歩5分、「サン・バシリオ通り（別名、バルトロメ・マソ通り）」にある小さなホテル。洗練された建築や親切なスタッフが好評だが、客室は全8室のみになるので、早めのご予約を。

ホテル・レックス　Hotel Rex
(MAP：P.107)
- Ave. Victroriano Garzón No.10, e/ Pizarro y Pérez Carbó, Santiago de Cuba
- +53-2268-7032
- 1室1名の利用で1泊 40CUC ～。

「マルテ広場」に隣接した好立地でありながら、リーズナブルに宿泊できる中級ホテル。築年数の古い建物だが、Wi-Fi は完備。フィデル・カストロの同志、アベル・サンタマリアが滞在した部屋は無料で見学できる。

グラン・ホテル　Gran Hotel
(MAP：P.107)
- José A saco No.310, e/ General Lacret y San Félix, Santiago de Cuba
- +53-2268-7171
- 1室1名の利用で1泊 80CUC ～。

歩行者天国「ホセ・ア・サコ通り」に位置する中級ホテル。レストランやカフェなどの飲食店が周辺に立ち並び、国営両替所や「エテクサ社」も徒歩圏内で便利。築年数の古い建物の内装を一新し、より清潔感ある客室に。

メリア・サンティアゴ・デ・クーバ　Meliá Santiago de Cuba
(MAP：P.107)
- Av. de las Americas y Calle M, Reparto Sueño, Santiago de Cuba
- +53-2264-7777　 jefe.ventas.msc@meliacuba.com
- 1室2名までの利用で1泊 150CUC ～。

キューバ国内でリゾートホテルを経営する「メリアホテル」系列の高級ホテル。観光中心地から少し離れているが、館内は、飲食店やジムなどが併設されるうえに Wi-Fi 完備で快適。最上階のバーでは、市街地の絶景を見わたせる。

参考料金は、ローシーズンのもの。

Information

サンティアゴ・デ・クーバの おすすめレストラン 5

第2都市といわれるサンティアゴ・デ・クーバには、キューバを代表する炭火焼料理をはじめ、ローカルフードを提供するレストランがとにかく多い。しかも、日常的に人民ペソが流通する。未だローカル色が強いサンティアゴ・デ・クーバでご紹介するのは、おいしいソウルフードを味わえる良質なレストラン。お店に迷ったら、まずはこちらへ。

レボリューション　Revolusion
キューバ料理・スペイン料理　（MAP：P.107）
- Calle Heredia No. 466, e/ San Agustín y Clarín, Santiago de Cuba
- +53-5299-9412
- 12:00 〜 23:00

ライブハウス「カサ・デ・ラ・トローバ」からほど近い、エレディア通り沿いの建物4階に構えるレストラン。市街地を一望できる開放的な店内では、創作キューバ料理を中心に、スペイン料理を味わうことができる。

ベンディータ ファランドゥラ　Bendita Farándula
キューバ料理・バラコア料理　（MAP：P.107）
- Barnada, No.513, e/ Aguilera y Heredia, Santiago de Cuba
- +53-2265-3739
- 12:00 〜 23:00

「マルテ広場」近くにある、地元に愛されるカフェレストラン。南東部ならではの魚介スープや、チーズポークステーキ、ココナッツミルクで魚を煮込んだバラコア料理などが人気。対応がゆっくりしているので、余裕のある時に。

カフェ・ラ・イサベリカ　Café La Isabelica
キューバ料理・インターナショナル料理　（MAP：P.107）
- Calle Aguilera y Porfirio Valiente, Santiago de Cuba
- なし
- 9:00 〜 21:00

「ドロレス広場」斜向いに位置する、黄色い壁と赤い屋根が目印の昔ながらのカフェテリア。「サンティアゴ・デ・クーバで最もおいしい」といわれるエスプレッソ・コーヒーは、人民ペソで1杯1CUP。常に地元の人で賑わうお店。

サンティアゴ 1900　Santiago1900
キューバ料理　（MAP：P.107）
- Calle Bartolomé Masó No. 354, Santiago de Cuba
- なし
- 12:00 〜 21:00

「セスペデス公園」周辺の国営レストラン。ラム酒メーカー「バカルディ」一族の元邸宅を改装したクラシックな店内では、代表的なグリル料理をはじめ、王道のキューバダイニングを味わえる。サンティアゴのビール「HATUEY」も。

エル・パレンキート　El Parenquito
炭火焼料理・キューバ料理　（MAP：P.107）
- Avenida del Río No. 28, e/ Carretera de EL Caney y Calle 6, Vista Alegre, Santiago de Cuba
- +53-2264-5220　　12:00 〜 24:00

市街中心地から車で約10分の1軒家レストラン。緑あふれるテラスが併設された開放的な店内では、本格炭火焼を中心に、前菜やデザート、ドリンクなどのメニューが豊富。おすすめは、丸ごと1羽提供されるチキンの炭火焼。

キューバのおみやげ

西はビニャーレス渓谷から東はバラコアまで、キューバ横断の道中で出合ったモノをご紹介。

ハバナ
刺しゅうワンピース
キューバでよく見る透かし編みのキッズ用ドレスは刺しゅう入り。サン・ホセ民芸品市場内（MAP：P.62）

トリニダー
手編みの小さなカゴバッグ
街のカゴ屋で見つけたジャム3個分の小さなバッグ。きめ細やかに編み上げるキューバ人の器用さに拍手。

バラコア
カカオバター
天然の保湿力を持つ、「ドゥアバ農園」の手作りカカオバター。食べたくなるほど甘い、カカオの香り。

サンティアゴ・デ・クーバ
フルーツのオーナメント
トロピカルフルーツは、なんと張り子製品。右は、マンゴーのマラカス。「階段書店」の並び（MAP：P.107）

サパタ湿原
ワニの歯のペンダント
キューバといえば、ワニ。手作りのペンダントは、旅のよい思い出に。ワニ園（MAP：P.79）

ハバナ
折りたたみ式の木製トング
実はバラコア製のキッチン用品。全土の良質な雑貨を扱うお店「アルマ・キューバ・ショップ」にて。（MAP：P.62）

ハバナ
旧ソ連のデミタスカップ
なかなか珍しい旧ソ連もののアンティーク。ほかに、中国もの、欧州もののカップも。メモリアス（MAP：P.62）

ハバナ
カフェ・オレイリーのコーヒー豆
旧市街でおいしいコーヒーのお店といえばココ。現地の味をお持ち帰り。カフェ・オレイリー（MAP：P.62）

ハバナ
アピスンのはちみつ
「Apicuba社」の人気商品。はちみつはおみやげに喜ばれる1品。アルマ・キューバ・ショップ（MAP：P.62）

ハバナ
ビーバームとコーヒー石けん
国内の有機素材と自然療法にこだわった「D Brujas」の手作りコスメ。サン・ホセ民芸品市場内（MAP：P.62）

トリニダー
ファゴッティングの織りもの
トリニダーの伝統工芸品。色や織り方など種類はさまざま。街歩きをしながら、お気に入りを見つけたい。

カマグエイ
マメハチドリのトート
「スンスン」の愛称で親しまれる、マメハチドリのグッズはレア。ギャラリー・ラリオス（MAP：P.88）

カマグエイ
オウムのオーナメント
街歩きの途中、広場の露店でひと目惚れ。キューバらしい色彩に染められた、素焼きのオウムの壁飾り。

トリニダー
ラ・カンチャンチャラのカップ
ラム酒とはちみつが入ったトリニダー名物のカクテルを飲むためのカップ。セラミック工房チチ（MAP：P.84）

ハバナ
年代物のピンバッヂ
国旗や英雄たちをモチーフにしたピンバッヂは、マニアにはたまらない代物。青空骨董市（MAP：P.62）

ハバナ
コイーバの葉巻
葉巻なら、シダーに巻かれて1本ずつ缶に詰められる「トゥーボ」タイプが◎。葉巻ショップ（MAP：P.62）

マタンサス
牛骨のネックレスとブレスレット
キューバの工芸でよく用いられる牛骨は、アクセサリーへ華麗に変身。ベジャマル洞窟（MAP：P.70）

ハバナ
英雄たちのマトリョーシカ
フィデル・カストロ、チェ・ゲバラ……最後に小さなホセ・マルティ。アルマ・キューバ・ショップ（MAP：P.62）

メキシコ最大の航空会社「アエロメヒコ航空」は、成田国際空港から中南米の玄関口、メキシコシティ国際空港へ往復ノンストップで毎日運航しています。アエロメヒコ航空は、メキシコ国内 45 都市、中南米 15 都市を繋ぐネットワークを持ち、メキシコシティからキューバの首都ハバナへ毎日 2 便運航。そして、すべてのアエロメヒコ航空便が発着するメキシコシティ国際空港ターミナル 2 はコンパクトな設計で、ターミナル間を移動する必要がなく、乗り継ぎがとてもスムーズです。成田からメキシコシティ間のフライトでは、日本人スタッフが 2 名搭乗。機内だけでなく、メキシコシティ国際空港の税関エリアでも日本語でのコミュニケーションをサポートします。さらに、メキシコシティ国際空港の成田便出発ゲートにも日本語対応できるスタッフがいるので安心です。

キューバへの旅は、アエロメヒコ航空で

日本路線では、最新鋭機の「ボーイング 787-8 ドリームライナー」を使用。天井の高い、ゆとりある客室のなかで、メキシコまで約 12 時間半の"空の旅"を楽しめます。

各座席列には、USB 電源、110 V 電源を用意しているほか、有料で機内 Wi-Fi も完備しているので、ノートパソコンやタブレットなどでのインターネット接続が可能。

成田発の路線で提供される洋食の機内食は、「世界のベストレストラン 50」に選ばれたメキシコシティのレストラン「プジョル」のオーナーシェフが監修。メキシコシティ発の路線で提供される和食は、メキシコシティで人気の日本食レストラン「ロカイ」の日本人シェフが和食を監修しています。そして、アルコールを含むドリンクはすべて無料。メキシコで初醸造された日本酒をはじめ、メキシコ産のワインやテキーラ、ビールなど、アエロメヒコ航空ならではのラインナップを揃えています。

アエロメヒコ航空
http://aeromexico.jp/　一般予約 0570-783-057

キューバの基本情報

旅へ出かける前に

キューバに訪れてみると、不便さや、難しいことの多さに驚くかもしれない。そんな驚きが旅の貴重な体験になるよう、旅立つ前に知っておきたい、キューバ滞在をより快適にする情報をお届け。

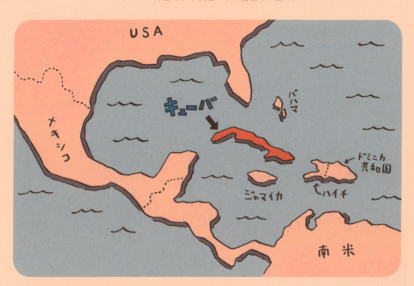

おすすめコース

■ 旅程5日～7日間（滞在日数3日～5日）以内の場合

ハバナ市内の主要観光地は、駆け足で2日間で見て周れる。滞在日数5日間あればハバナから、マタンサス（P.68）、ビニャーレス（P.71）、サパタ湿原（P.76）、トリニダー（P.80）周辺までの日帰りや1泊遠征も可能。主なアクセス方法は、旅行会社による日帰りプラン、もしくはタクシーかバスによる個人プラン。

■ 旅程8日間（滞在日数6日間）以上の場合

中部・東部へ行くには、滞在日数6日間以上あると安心。交通手段は、ハバナから飛行機または長距離バスやタクシーがあるが、安くて発着時間が確実な陸路がおすすめ。サンティアゴ・デ・クーバ（P.92）へ行くには飛行機が最も移動時間の短い交通手段になるが、遅延・欠航の多い「クバーナ航空」を使用するため、日本帰国日の前々日までにはハバナに戻るプランを立てると良い。

■ 帰国日の設定には要注意

キューバを発つ日が日本到着日ではない。翌日なのか、翌々日なのか、手配した飛行機によって変わるので、日本到着日をよく確認すること。私は、1度間違えたことが……！

国名：キューバ共和国
　　　República de Cuba
首都：ハバナ　La Habana
面積：約11万1千k㎡
※日本の本州の約半分

言語：公用語はスペイン語。空港や大型観光施設、大型ホテルでは英語が通じることも。

時差：日本よりマイナス14時
※サマータイム採用期間は、マイナス13時間。期間は概ね3月上旬～11月上旬だが、実施日は毎年変動するので注意が必要。

年間祝祭日

キューバの祝祭日には要注意。公共施設やオフィスなど、街中の至るところがことごとく休みに。祝祭日のほかに、年によって10月8日・9日前後のチェ・ゲバラの命日が休日となるだけでなく、12月2日の「グランマ号上陸記念日」が休日となることも。

主な祝祭日

1月1日	解放記念日	Triufno de la Revolución
4月	聖金曜日 Viernes Santo	※毎年変動
5月1日	メーデー Día del Trabajo	
7月26日	革命記念日 Día de la Rebeldía Nacional	
10月10日	第1次独立戦争開始記念日 ※毎年変動 Día de la Guerra de Independencia	
12月25日	クリスマス Navidad	

イベントカレンダー

ここでご紹介するのは、ハバナを中心に、シーズンごとに開催される主な年中行事。年によって内容が変更されることもあるので、渡航前に必ず確認を。キューバのハイシーズンは7月後半〜8月と11月〜3月、超ハイシーズンは11月前半〜年末年始及び2月。

1月	カバーニャ要塞・名物「新年カウントアップ」
2月	国際ブックフェア、サルサ、葉巻の国際フェスティバル
3月	トローバ国際音楽祭（サンティアゴ・デ・クーバ）
4月	国際パーカッション・フェスティバル
5・6月	ハバナ・ビエンナーレ ※隔年偶数年のみ キューバのグラミー賞と呼ばれる音楽祭典「クバディスコ」
7月	ボレロ・デ・オロ国際フェスティバル
8月	全土でカーニバルが多数開催
9月	ベニー・モレ音楽フェスティバル（シエンフエゴス）
10月	ハバナ国際バレエ・フェスティバル
11月	ハバナ国際マラソン、野球リーグ開幕
12月	新ラテンアメリカ国際映画祭、ハバナ国際ジャズ・フェスティバル

気候

亜熱帯に属するキューバは、基本的には年間を通して半袖で過ごせる日が多い。年間を通して日射しが強く、好天での活動は想像以上に体力を消耗するので、日焼け対策・熱中症対策は念入りに。

6月～11月頃が雨季、12月～4月頃が乾季。乾季はぐっと降水量が少なくなるが、それでも時折、スコールが降ることも。12月～3月には肌寒い陽気が続く年もある。キューバでは雨具が入手しにくいので、日本から持参するのがおすすめ。持って行った折りたたみ傘やレインコートは、おみやげとして置いていくと喜ばれる。

12月～4月の乾季がベストシーズン。この時期は、雨が比較的少なく、日中の気温は最高で平均26度前後、夕方・夜間は20度前後となる凌ぎやすい陽気で、街歩きや屋外のイベントへ出かけるのに最適。ただしこの時期は、ハイシーズンとなるため、航空券やハバナ市内の宿泊施設が逼迫。年々、料金も高騰している。また、ビーチリゾートやマリンレジャーを楽しむには肌寒さを感じる日が多く、シュノーケリングやダイビングを目的とする場合には、年間最低気温になりやすい、1月～2月辺りは避けたほうが良い。

6月～11月の雨季は、豪雨対策だけでなく、猛暑に備えた避暑対策も必須。日本の梅雨のような長雨はほとんどないが、大抵、ゲリラ豪雨のように激しい雨が夕刻に1時間降り注ぐ。インフラ対策が十分に整っていないため、豪雨後の数日間は、飛行機の遅延・欠航や道路の冠水など、交通網が混乱することが多発。自動車を運転している場合、雨が降り始めたら海岸沿いを走ることは避け、小高い丘のような土地の高い場所で休憩すると良い。この時期の移動は、時間に余裕のあるスケジュールを。特に9月～10月は、ハリケーン・シーズンになるので要注意。2017年9月キューバを直撃した「ハリケーン・イルマ」により全土で甚大な被害をもたらした。東南部へ長期旅行を考えている場合は、できるだけハリケーン・シーズンを避けたほうが無難。

旅に役立つマメ知識

個人的には6月末～7月中旬がおすすめ！マンゴーをはじめ、ピンクグアバやパパイアなどのさまざまなトロピカルフルーツが旬を迎える、フルーツ好きにはたまらない季節。豪雨後の夕焼けに照らされた街中では、空いっぱいにかかる大きな虹に出合えることも。ホテルはローシーズン料金となることが多いので、旅費が抑えやすい。

■ハバナの降水量と平均気温

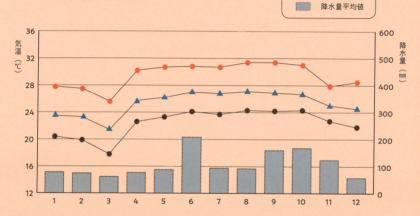

渡航日程が決定したら、さっそく旅の手配を。

事前準備

■ 航空券手配
日本からキューバへの直行便はないものの、メキシコ、カナダ、フランス、オランダなどを経由するさまざまな渡航ルートがある。日本からの渡航に使用する代表的な航空会社とルートを下にご紹介。

航空会社

アエロメヒコ航空　AEROMEXICO
メキシコ・メキシコシティ経由
成田発着便があり、乗り換え時間が短くスムーズ。乗り換えの際、1度荷物のピックアップが必要になるが、メキシコシティやカンクンなどに立ち寄れるプランが人気。

エア・カナダ　AIR CANADA
カナダ・トロント経由
羽田発着及び夏期のみ成田発着便があり、同日乗り換え便であれば、乗り換え時に荷物のピックアップが不要。なお、2016年3月より、カナダで入国・乗り継ぎ通過をする場合、電子渡航許可書「eTA」の取得が義務づけられた。乗り継ぎの場合でも必ず事前取得する必要がある。未取得で搭乗できないケースが多発しているので要注意。

エールフランス　Air France
フランス・パリ経由
羽田発着便があり、他社より安い運賃で往復できることがメリットだったが、近年では上記2社の運賃より下回ることがほとんどない。運航便が多いので、パリでの乗り換え時間を選ぶことができるものの、乗り換え時間が短いほど高額。

1. ツーリストカードの取得

入国目的が観光の場合、ツーリストカードを取得することにより、原則として30日以内（現地にて30日間の延長可能）の滞在が認められる。ツーリストカードの申請は、キューバ共和国大使館領事部もしくは旅行会社による代行の2パターン。キューバへの直行便の搭乗手続きカウンターにて販売・配布されることもあるが、在庫切れや条件変更などもあるので、日本で事前取得するのが良い。

※現地入国審査にて提出したツーリストカードは、審査後に返却される半券を出国まで大切に保管しておくこと。紛失した場合は空港で別途手続きが必要となる。

大使館領事部にて直接申請する場合

インターネットの「ビザ申請フォーム（planilla Solicitud de Visas）」より申請書類をダウンロードすると、領事部での手続きがスムーズに。ビザ申請フォームの必要事項を記入、証明写真を添付したものを、直接キューバ大使館領事部へ持参すること。下の申請書の例をチェック。

※ツーリストカード申請時には、飛行機のEチケットと、宿泊先のバウチャーの提示が必要。申請方法は予告なく変更されるので、申請前に領事部に確認すると良い。

2. 海外旅行保険証明書

キューバは、渡航滞在期間中の海外旅行保険の加入が義務づけられている。米国系を除く保険会社に加入し、英語もしくはスペイン語が併記されている証明書をパスポートと一緒に携帯すること。入国審査時に確認される確率はそれほど高くはないものの、提示を求められた場合には速やかに対応を。証明書を預け荷物の中に入れてしまい、入国審査時に提示することができないと面倒なので注意。

荷造り

服装は、基本的に夏用。ただし、冷房が強い場所があるので、長袖のカーディガンを1着携帯しておくと重宝する。また、劇場や高級レストランではドレスコードがあるので、女性はカジュアルなワンピースにサンダル、男性はカジュアルなジャケットとパンツを持って行くと安心。なお、1月～2月は年により、日本の晩秋程度に冷え込むことがあるので、出発前に気温の確認をしておくこと。洋品の販売は場所も種類も限られており、品質に対して高価なものが多いので、現地調達はおすすめしない。下着・水着などの用意も忘れずに。

旅に役立つマメ知識

荷造りをする時、バッグの隙間を埋めるには、タオル・トイレットペーパー・ティッシュペーパー・ウェットティッシュなどの実用的なモノを使用すると現地で重宝する。余ったら、置きみやげにすると喜ばれる。

携行品あれこれ

■ 愛用品

慢性的な物資不足を抱える国なので、常用品や愛用品、嗜好品などは可能な限り持って行くと良い。特に、常備薬、虫除け薬品、化粧品、衛生用品、日焼け止め、雨具は現地調達がほぼ不可能。気になる方は持参すると、より快適な旅になる。

■ スーツケース

スーツケースを使用する場合、一人で持ち上げられる程度の重さにしておくと良い。キューバは、スーツケースの足が滑らない、道路状態が悪い場所が多いだけでなく、エレベーターの故障で階段使用を余儀なくされることも多々ある。

■ 日射し対策

キューバの日射しはとても強いので紫外線対策は充分に必要。現地では手に入らない、ツバのある帽子やサングラスなどの眼を守るもの、日焼け止めやラッシュガードなどの皮膚を守るものは忘れずに持参すること。また、キューバにはスポーツ飲料がないので、日本から粉末タイプのスポーツドリンクを持って行くと熱中症予防に。

■ 食材

お菓子や軽食を含め、現地では入手できる食材の種類も限られているため、地方旅行をはじめ長時間移動を伴う旅計画をしている場合には、おやつなどの非常食を多めに持参すると安心。ただし、牛肉製品や穀物、生モノなどの一般的な輸出入禁制品は、キューバの税関で厳しく取り締まられることがあるので要注意。

■ 通信機器

Wi-Fiルーターやアンテナつきの通信機、無線機、衛星電話など、通信機能に特化した機器及びドローンは、規制対象となるのでキューバへの持ち込みには注意。パソコンやカメラ、スマートフォン、タブレット、メモリーなどの電子機器は、個人使用目的の少数持ち込みであれば問題ない。

■ 電圧・プラグ

プラグは日本と同じAタイプがほとんどの場所で使用可能。電圧は基本110V／60Hzなので、熱量の高くない製品であれば日本の100V対応製品がそのまま使える。ただし、ほとんどのホテルが220V電圧プラグを備えつけているので、対応外の日本製品は繋がないように。また熱量の高い、ドライヤーのような100V対応製品は、110Vで使用するとすぐに故障するので注意。

2重通貨制のややこしさにつけこむ詐欺には要注意。観光施設やホテル、カサ、レストラン、タクシー、おみやげ、ツアーなどの支払いは、基本的にCUC。市場をはじめ、食堂やバー、乗り合いタクシー、公共バスなど、キューバ国民向けの公共施設や交通網ではCUPが必要となるので、両替所で外貨からCUCへ両替すると同時に、CUPも少し用意すると便利。両替レートは、1CUC＝24CUP。ただし、食堂やバーなどでの清算は、1CUC＝25CUP計算になることも。

■ 通貨

キューバは2重通貨制度。主に外国人や観光客が使用する、だ換ペソ（単位：CUC／呼称：セー・ウー・セー及びクック）と、主に国民が使用する人民ペソ（単位：CUP及びMN／呼称：ペソ・クバーノ、モネダ・ナシオナル）の2種類。見分け方の特徴は、CUCが多色刷り、CUPが1色刷り。そして、CUC紙幣には「Pesos Convertibles」と書かれている。

CUC
多色刷り
「Pesos Convertibles」
と書かれている

CUP
1色刷り

サンフランシスコ広場の「CADECA」所在地

◉ Plaza de San Francisco de Asis, Habana Vieja, La Habana
◉ 月〜土 8:00〜19:00、
日 8:00〜13:00

■ 両替

両替は、国営両替所「CADECA（カデカ）」、銀行、高級ホテルのフロントで可能。日本円、もしくは欧州ユーロかカナダドルからの両替がベストだが、日本円はホテルでは両替ができないうえ、地方では国営両替所や銀行でも拒否されることがある。日本円を携行のうえ、保険として他外貨を併せ持つと安心。なお米ドルからの両替は、課徴金として10パーセント引かれるため、おすすめしない。ホセ・マルティ国際空港の国営両替所は、24時間営業で利便性が高いが、昼夜関係なく長蛇の列ができる。街中の国営両替所は、営業時間にばらつきがあり、朝から夕方、遅くても夜20時ぐらいに閉まるのが基本。空港と街中の両替所では、それほどレートに差がない。使い切らなかったCUCから日本円への両替は、断られることも。その場合、欧州ユーロをはじめ他外貨に換えることになる。

■ クレジットカード

基本は現金で、クレジットカードは「あくまで保険」という意識が大切。現時点ではマスターカード及び米国企業決済や米国関連企業を除くVISAカードのみ使用可能。クレジットカードは、主要観光地の高級ホテルや国営レストランなどで使えるが、1度の利用で3～4パーセントの手数料を取られるうえ、端末故障により使用できなくなるケースやスキミング被害など、トラブルは尽きない。ATMでのキャッシングが可能なので1枚持っていると安心だが、機械の故障によりカードが戻ってこなくなるということも。

■ 携帯

SIMフリー端末用のSIMカードは、国営会社「CUBACEL社」の店舗にて購入可能。また、日本国内の携帯主要キャリアによるキューバでのローミングは可能だが、事前申請方法・料金等が個人で違うため、自分の契約している会社に確認すること。「CUBACEL社」のSIMカードにて使用できる機能は、通話・SNSのみ。3G環境を必要とするインターネットは不可。

■ Wi-Fi

この数年でインターネット環境は普及し始めているが、未だ主要観光都市の高級ホテルや街の一定のスポットのみで使用できるだけの状況。そして、有料である。地方都市部でのWi-Fi環境はさらに乏しいので、必要な通信はできるだけハバナで済ませること。

ホテルでのWi-Fi利用

フロントかビジネスセンターにて事前清算、もしくはプリペイドカードを購入する2パターンがある。各ホテルでのWi-Fiの利用料金は、1時間10CUC程度。宿泊費に利用料金が含まれる場合、ホテルでチェックインをする際にID・パスワードが渡される。

プリペイドカードによるWi-Fi使用

街中にあるほとんどのWi-Fiスポットでは、「ETECSA社」のプリペイドカードが必要。プリペイドカードは、「ETECSA社」の店舗窓口にて購入可能。カードは使用時間によって数種類あるが、30分カード（1CUC）、60分カード（2CUC）が主流。1部のホテルでも購入できるが、正規料金より若干高いのが難点。

地図アプリ
『MAPS.ME（マップミー）』
（無料）
アプリを携帯にインストールし、事前にキューバの地図をダウンロードしておけば、ネット接続なしで現地利用することができる超・優れもの。目的地までのナビゲーション機能に加えて、レストランや観光地、ガソリンスタンドなどのカテゴリー検索もついている。

■ 書類は必ず印刷すること

Wi-Fiスポットを見つけるのも一苦労のキューバで、それ以上に見つからないのは、データをプリントする場所。ごく1部の写真店や印刷所ではプリントできるようだが、非常に並んでいたり、機械が故障していたり、持参した機器と相互性がなかったり……、かなり煩雑な状況。必要になる書類はできる限り日本でプリントして持って行くことをおすすめする。さらに、コピーも気軽にできないので要注意。たとえば飛行機のEチケット、宿泊先のバウチャー、ツアーやバスなどのバウチャー、地方都市の地図、パスポートほか、大事な書類のコピーはお忘れないように。

さぁ、到着。

旅に役立つマメ知識

空港出口を外へ出たところにある国営両替所「CADECA（カデカ）」は、日本円も取り扱う、とっても貴重な 24 時間営業。深夜にハバナへ到着した場合は、ここで両替をしておくと安心。

ホセ・マルティ国際空港

キューバの空港はチェックインした荷物が出てくるまでにかなり時間がかかる。まれに早いこともあるけど、だいたいが 1 時間ほどかかるので焦らず気長に待つことだ。もしすぐに荷物を見つけることができたら、それは超・ラッキー！

空港からホテルへの移動

空港から市内へはタクシーが主な交通手段。キューバの主なタクシー会社は、黄色い車体が目印の「CUBA TAXI（クバタクシー）」。空港出口を出るとタクシーが並んで待っている。所要時間は、新市街・ミラマル地区まで 25 〜 30 分、旧市街まで 30 〜 40 分程度。

旅に役立つマメ知識

タクシーに乗る前に知っておきたいのが、キューバの住所の読み方。基本的な住所の表記順序は、通り名→番地→地区名→県名とされているが、地区名の前に説明書きのような住所詳細表記が入る場合もある。

e/ AAAAA y BBBBB
と記載されている場合、AAAAA 通りと BBBBB 通りの間を意味する。
「e/」は「entre」の略、「y」は英語の「and」と同意。

esq. a AAAAA
と記載されている場合、AAAAA 交差点の角にあることを意味する。
「esq.」は「esquina」の略。

「No.」「#」に続く数字は番地、「Ed.」はビル名、「Apt.」「Apto.」は号数。「No.」は「Número」、「Ed.」は「Edificio」、「Apt.」「Apto.」は「Apartamento」の略。

各交差点にある道路標石が街路の案内役

ハバナ市内 おすすめ移動手段

1. クバタクシー　CUBATAXI

メーターつきタクシーがほとんどなく、乗車前の料金交渉が必須。相場はある程度決まっているが、2015 年頃より年々料金が高騰し、車体のコンディションやシーズンなどによっても価格変動する。黄色い車体に黒模様の入った「CUBATAXI（クバタクシー）」の通常シーズンの場合、旧市街を中心に、ベダード地区や革命広場まで約 5 〜 7CUC、カバーニャ要塞まで 5 〜 7CUC、ミラマル地区まで 10CUC、国際空港まで 25 〜 30CUC が目安。同じクバタクシーでも、車体が古いと若干安いことも。レストランやクラブなどへ行くのに利用するなら、送迎を同じ運転手に頼むと往復料金として割り引いてくれることがある。ただし、迎えの時間を待たせると追加料金が発生するので注意。早朝・深夜などは、あまりタクシーが走っていないため、事前に予約することをおすすめする。
クバタクシー事前予約番号：+53-7863-5555

2. マキナ　Maquina

観光用でなく、決まったルートを走る古い車体の個人タクシー、通称「マキナ」もしくは「アルメンドロン」は、ヒッチハイク形式で利用する乗り合いタクシーとして運行することがほとんど。ほかに乗客がいなければ、個人で目的地まで貸切使用することも可能で、クバタクシーの半額以下と料金はかなり手頃になるが、英語を話せる運転手が少ないので、料金の交渉や行き先を的確に伝えるスペイン語力が必要。相場を掴むには、ホテルやカサの人たちに聞いてみると良い。夜間の利用は避けるのが無難。

3. クラシックカー

観光用のピカピカしたクラシックカーは、観光ルートに沿って時間極めで使用することが主流。料金は1時間50CUC〜。通常のタクシーのように、個人の目的地までも利用できるが、料金は正規タクシーの倍以上になる。

4. ココタクシー　Coco-Taxi

ほかに、ハバナにはコロンと丸みを帯びた黄色い車体が特徴的な「Coco-Taxi（ココタクシー）」も。料金はクバタクシーとさほど変わらないが、速度が原付並みに遅いので、時間と心の余裕がある時のための持ち札。

5. ハバナバスツアー　Habana Bus Tour

ハバナの地理を掴むのに便利な、赤い車体が目印の観光バス。現時点では旧市街「パルケ・セントラル」を起点に、T1とT3の2ルート運営。どの停車場からも初乗りができるので、バス車内の車掌から当日券を購入すること。終日、乗り降り自由でスペイン語・英語の音声ガイドつき。9時〜21時の30分間隔で運行している。

ルートT1：10CUC
旧市街「パルケ・セントラル」を起点に、旧市街と新市街、革命広場、ミラマル地区までを約1時間半でぐるっと周るルート。2階のオープンエリアから見わたすハバナは絶景だが、強い日射し、街路樹との衝突、突然の雨などには充分注意。

ルートT3：5CUC
「パルケ・セントラル」を起点に、カバーニャ要塞、タララ地区のホテルを経由して、ビーチ「プラジャ・デル・エステ」（P.52）までを往復するルート。帰りのバス停・時間は、必ず事前確認を。

国内移動手段

クバーナ航空　Cubana de Aviación

ハバナを中心にキューバ国内を結ぶ路線。航空券手配はインターネットか、現地の旅行会社 及び クバーナ航空オフィスで直接購入が可能。キューバ人は人民ペソ支払いで搭乗できるため、すぐに満席になるので、できるだけ早めに予約をしたほうが良い。遅延や欠航が日常茶飯事なので、余裕のある計画を立て、帰国日の前々日にはハバナに居ることをおすすめする。

長距離バス：ビアスール　Viazul

国内長距離移動の主な手段は長距離バス。白を基調とした「ビアスール」は空調完備。比較的、発着予定時刻通りに運行されるので、スケジュールが立てやすいのがメリット。同じ目的地でも、経由地や途中停車の数により所要時間は異なる。予約手段は、同社ウェブサイト、または現地のビアスール・ターミナルの窓口、現地旅行会社のカウンターで可能。特にハイシーズンは、前日・当日の手配ではすでに満席で予約できないこともあるほど混み合うので、事前手配すると良い。事前予約をした場合、乗車当日にターミナルの窓口で予約表と乗車券を引き換えるため、プリントした予約表が必須。日本で事前予約をした場合は、プリントした予約表を忘れずに。

■ ハバナから各地域までのバスの所要時間と料金

ビニャーレス
約3時間半で12CUC
バラデロ
約3時間半で10CUC
トリニダー
約6時間で25CUC
サンティアゴ・デ・クーバ
14〜17時間で51CUC

ハバナの
ビアスール・ターミナル
（MAP：P.62）
Avenida zoológico, 26,
La Habana,

旅に役立つマメ知識

長距離バスは、冷房が非常に強いので、羽織るものがあると良い。さらに、爆音で音楽が流れることもあるので、耳栓があると便利。

長距離バス：トランスツール　Transtur

主にツーリズムや団体客が使用する、青い車体が目印のバス。長距離バスとしての運営もしていて、料金は他社の「ビアスール」とほぼ同額。主要ホテルに併設された旅行会社「Habanatur（アバナツール）」や「Cubanacán（クバナカン）」で予約ができる。指定のホテルで発着できることが最大のメリット。ただし、前日・当日の手配ができないことをはじめ、就航日時の変更や運休などが多いので、利用を考えている場合は早めに手配を。

レンタカー

日本で事前予約すれば、ホセ・マルティ国際空港からの利用が可能。現地では空港や主要ホテルなどに窓口がある。使用開始時刻の選択ができるが、手配が遅く、乗車するまでに時間がかかることがあるので、余裕のあるスケジュールを立てておくこと。

1. REX（レックス）[公式 HP] rexcarrental.com（英語）
2. Cubacar（クバカル）[公式 HP] cubacar.info/englisch（英語）
3. HAVANAUTO（アバナウト）[公式 HP] havanautos.com/（英語）

旅に役立つマメ知識

キューバでは車は右側通行。街路は、各交差点の足元にある道路標識石を確認すること。道路状況は、主要都市の一部を除いてかなり劣悪。道路標識は少なく、現在地に迷いやすい。舗装されていない道も多く、夜間は極めて暗くなるので極力運転しないよう心がけて。さらに車体故障の頻発や突然のスコールなど、臨機応変な対応に迫られる場面も多いので、安易な利用はおすすめしない。

鉄道

西インド諸島随一という大規模なキューバの鉄道は、国内全域を繋いでいる。ただ大変残念なことに、ほとんどの路線は列車本数が極端に少なく、代表的なハバナ～サンティアゴ・デ・クーバ間の直通列車ですら1日2往復の運転のみ。ほか各エリアへは、数日に1往復というペースだ。車体の老朽化が進み、運休・遅延が非常に多いだけでなく、当日券のみの扱いにもかかわらず、窓口の営業時間も日によって変更されるなど、時間の限られた旅行者にはかなりハードルの高い存在となっている。「電車に乗ることが目的！」という方には貴重な経験となるが、交通手段としての利用はおすすめしない。長距離列車は、ハバナ旧市街奥にある「中央駅（Estación Central de Ferrocarriles）」に発着。ハバナ「カサブランカ駅」発のハーシー線については、マタンサスを参照（MAP：P.70）。

国際電話について

■キューバから日本

ホテルのオペレーターや、国際電話用の公衆電話で通話可能。

国際電話 識別番号	日本の国番号	最初の0を 取った市外局番	電話番号
119	－ 81 －	3（東京） －	00000000
		（携帯の場合 90 か 80 に）	

■日本からキューバ

旅に役立つマメ知識

もし Wi-Fi 環境が整っている場所であれば、日本へ最も安く通話できるのは、「Messenger」「LINE」「WhatsApp」などのアプリを使った無料通話サービス。ただし電波状況が不安定なので、いつも使えるとは限らない。

各電話会社の国際通話番号を押した後、

国際電話 識別番号	キューバの 国番号	市外局番	電話番号
010	－ 53 －	7 －	0000000
		（ハバナの市外局番）	

国際郵便と国際宅配便

■ 国際郵便

日本までの郵便料金は、普通郵便で、ハガキ・封筒ともに基本85センターボ。だいたい2週間〜3カ月以上の日程を要する。切手は、「Correo（コレオ）」と呼ばれる郵便局やホテルなどで購入可能。ポストカードを購入したついでに切手もあるか尋ねてみて。

■ 国際宅急便

1. DHLオフィス

ミラマル地区にある「DHLオフィス」の営業時間は平日の朝9時〜夕方までとされているが、残念ながら不定期に閉まることが多い。配送料は500グラム50CUC〜と比較的高額だが、インターネットでの荷物追跡サービスを利用できる。
📍 Calle 26 y Ave. 1ra, Miramar, La Habana

2. ハバナ中央郵便局

革命広場近くにある「ハバナ中央郵便局」では、国際宅配サービスが可能。外国人でも人民ペソ料金で利用できるため非常に安価。郵送期間は平均1ヶ月程度なので長期旅行者には人気だが、この郵便局はいつも混み合っている。
📍 Ave. Independencia S/N, e/ 19 de Mayo y Aranguren, La Habana

旅に役立つマメ知識

DHLオフィス、ハバナ中央郵便局のいずれも、国際宅配の場合は窓口で職員による内容物の検閲が行われ、検閲後の梱包も自分たちで行う必要がある。梱包資材のダンボールやガムテープなど、キューバでは調達が難しいものは持参しなくてはならない。日本のような良心的なサービスはまず見込めないことを忘れずに。

■ キューバからの無税持ち出し制限

1. 酒類

サトウキビの産地として、キューバを代表する「ラム酒」をはじめ、持ち出せるアルコール類の容量は、760ミリリットルの瓶3本が限度。

2. 紙タバコ（cigarrillo）

200本が限度

3. 葉巻

バラや開封されたもので20本まで。正規品確認シール及び公式ホログラムで厳封されたオリジナルパッケージ状態で50本。それ以上の持ち出しは課税対象となり、税関では、購入時に発行される「正規店販売証明インボイス（Factura de Venta de Habanos）」の提示が求められる。「正規店販売証明インボイス」は、在庫不足などを理由に発行されないことがあるので、購入前に発行可否の確認を。闇葉巻は、違法かつ輸出禁制品になるので、決して買わないように。

4. 美術品

明確な金額制限の記載はないが、高価なアンティークや美術品を持ち出すには有料の「輸出許可証（Sello）」が必須。購入と同時に手配されることが多い。

■ チップ

ホテル

荷物を運ぶポーターには、一人の荷物当たり約50センターボ。枕銭には、1泊につき約1CUC程度。

高級レストラン

料金の10〜20パーセント。精算時にサービス料（チャージ）が請求される場合は不要。

大型ホテルのトイレ

1回使用につき25センターボ。

駐車場

赤いベストを着用した駐車管理人（パルケアドール）がいる場所では、1度の駐車につき25〜50センターボ。

おすすめ旅行会社

トラベル・ボデギータ

キューバ旅行会社の代名詞的存在となる老舗旅行代理店。航空券手配からホテル、民泊、現地ツーリズムまで、完ぺきな手配をしてくれる心強い味方。

- Edificio Gómez Vila 105A, Calle Teniente Rey, No.19, Esq. Mercedes, Habana Vieja, La Habana
- 03-5786-6645（東京オフィス）
- +53-7864-4100（ハバナオフィス）
- travelbodeguita.com（日本語）

H.I.S.

日本で有名な大手旅行会社のハバナ支店。現地発着のツーリズムやホテル、キューバの民宿「カサ・パルティクラル」などの手配に強い。

- Calle 68, No.503, e/5ta y 5taA, Miramar, La Habana
- 0570-03-0321（日本・キューバ専用デスク）
- +53-5516-5876（ハバナオフィス）
- his-j.com/dst/cuba.htm（日本語）

レイコツール

ハバナにある老舗の日系旅行会社。日本語ガイドや通訳の手配だけでなく、取材・撮影アレンジなど幅広い案件に対応。できるだけ早めに事前連絡を。

- +53-7207-9606（ハバナオフィス）
- reiko@enet.cu

ベルトラ

現地オプショナルツアー予約専門WEBサイト。現地ツーリズムを豊富に提案するだけでなく、料金も比較的リーズナブル。個人旅行のお供に。

- veltra.com/jp/latin_america/cuba/（日本語）

キューバ国営旅行会社

主要ホテルに併設する、国営の旅行会社「Habanatur（アバナツール）」と「Cubanacán（クバナカン）」。ホテル宿泊者以外でも気軽に利用できるので、ツーリズムや長距離バスなど旅の相談を。

旅に役立つマメ知識

ハバナをはじめ、キューバ各都市には、キューバ政府観光省の観光案内窓口「インフォツール」がある。予約の手配などは行っていないものの、各都市のパンフレットや地図などが入手できるほか、最新の現地発着の観光情報が得られる。特に、建築や音楽などをテーマにした観光や、自然ツーリズムを探している人は1度相談してみると良い。

緊急連絡先

- ■警察 106（総合）
- ■消防署 105（総合）

在キューバ日本国大使館
Embajada del Japón en Cuba
(MAP : P.60)

- Centro de Negocios Miramar, Edificio No.1, 5to. piso, Ave. 3ra., esq. a 80, Miramar, Playa, La Habana
- +53-7204-8904 ／ +53-7204-3355 ／ +53-7204-3598 ／ +53-7204-3507 ／ +53-7204-3508
- ※時間外緊急連絡先（領事携帯番号）は、
- +53-5279-8188
- 8:45 ～ 12:30 ／ 13:30 ～ 17:30
- 休館日は、土・日及び日本とキューバの祝祭日

外国人専用救急対応病院

シーラ・ガルシア病院
Clínica Central Cira García
(MAP : P.60)

- Calle 20 No. 4101 esq. Ave 41 Playa, La Habana
- +53-7204-2811 ／ 7-204-2811
- ※緊急連絡先は、 +53-7204-2402
- 予約制
- ※緊急時は24時間受付、往診も可能
- 休診日はなし。診察の際、持参する必要書類は、パスポートをはじめとする身分証明書と海外旅行保険証。

外務省海外安全ホームページ

現地の犯罪対策に加え、税関、通貨、荷物、衛生、安全についての最新情報を豊富に掲載。旅に備えるため、渡航前にはご一読を。

- anzen.mofa.go.jp/index.html（日本語）

キューバにまつわる本のすすめ

キューバにまつわる日本語の資料は、少ないようで、実はたくさん存在する。
ここでは、定番のガイドブックから知る人ぞ知るエッセイまで、
キューバ横断に役立てた名書10冊をまとめてご紹介。

1. 電子書籍
『キューバ旅行情報館』
(著者：和田亜希子)

圧倒的な情報量かつ、とても実用的なキューバ渡航指南書。電子書籍なので、あらかじめ携帯にダウンロードしておけば、荷物にならない優れもの。著者が運営するWEBサイトも必見。

2. 書籍
『地球の歩き方 キューバ＆カリブの島々』
(発行：ダイヤモンド・ビッグ社)

海外旅行ガイドブックの決定版。観光地、ホテル、レストラン、マップなどの現地で役立つ情報が、ハバナから地方都市まで網羅されている。2018年度版より、キューバのページが増量。

3. 雑誌
『旅行人』160号
特集キューバ・革命の島を徹底ガイド！
(発行：旅行人)

現地滞在時に唯一携帯したガイドブック。絶版となる現在は価格が高騰しているが、それもうなずけるほどのユニークな情報が詰まっている。基本情報やマップも含めて必読すべき1冊。

4. 辞典
『旅の指差し会話帳13 キューバ』
(著者：滝口西夏／発行：情報センター出版局)

残念ながら絶版のこちらもプレミア古書の道へ。現地で使えるスペイン語をわかりやすいイラストで紹介する第1章に続く、第2章「キューバで楽しく会話するために」も充実した内容。

5. 書籍
『キューバ音楽を歩く旅』
(著者：さかぐちとおる／発行：彩流社)

「キューバ音楽はブエナビスタとサルサだけではない！」こう叫ぶ人が多いなか、キューバ音楽の奥深さをきちんと伝えてくれるエッセイ。キューバ音楽を愛する著者渾身の"贈りもの"。

6. 雑誌
『TRANSIT』24号
美しきカリブの海へ
(発行：講談社)

カリブ諸国の魅力を詰め込んだ名版。現地の暮らしそのものを見事に捉えた写真や、愛情あふれた記事。ぜひ、手にとってもらいたい1冊。

7. 書籍
**『あっけらかんの国キューバ
革命と宗教のあいだを旅して』**
(著者：越川芳明／発行：猿江商會)

日本人で唯一キューバの信仰「サンテリア」の司祭になった著者が、現地生活の背景からキューバという国を見つめ直し書き下ろした名著。

8. 書籍
**『キューバ
超大国を屈服させたラテンの魂』**
(著者：伊藤千尋／発行：高文研)

近現代のキューバ社会を多角的に捉えたエッセイ。随所で表現される言葉の臨場感に、ジャーナリストとして第1線で活躍してきた著者ならではのストーリーを感じさせる名作。

9. 書籍
**『108年の幸せな孤独
キューバ最後の日本人移民、島津三一郎』**
(著者：中野健太／発行：KADOKAWA)

2つの世界大戦、キューバ革命、冷戦、アメリカとの国交再開……。キューバとともに歩んだ、日系移民の情熱が静かに語られる"魂の書"。

10. 書籍
**『表参道のセレブ犬と
カバーニャ要塞の野良犬』**
(著者：若林正恭／発行：KADOKAWA)

お笑い芸人のオードリー、若林さんが現地の体験談を静かに熱く綴る紀行文学の大作。登場するマリコさんは実は私のことなのだ。うふふ。

キューバの基本情報

キューバと僕を自然の神さまが繋げてくれた

「キューバ」と聞いて読者のみなさんが思いつくキーワードは一体どんなものだろう。僕は正直、葉巻やラム酒が名産で、革命後の社会主義が及ぼした近代化への抗いにより残された古い街並みや、その街を走るクラシックカーが作り上げる懐かしい風景というような表面上の情報しか思いつかなかった。それだけでも未だ見ぬキューバという国への憧れとしては充分。実際に、世界中から観光客が押し寄せる観光大国になっているのが現状だ。初めてキューバを訪れることになった僕の当初の目的は、友人の葉巻の買付に同行して、世界一の葉巻の聖地で煙まみれになることだった。

初めて降り立つカリブの島は、インターネットやいくつかのガイドブックに掲載されているように、色彩豊かでありながらも発展を止めてしまった古い街並みをクラシックカーが走る光景であふれていた。街のそこかしこにはキューバン・ミュージックを奏でるミュージシャンがいて、その多くがノーリングの葉巻を味わうという、とにかく豊かさにあふれた印象。しかし数日経つと、あることに気がついた。それは、有名な葉巻ショップへ立ち入るのはキューバ人以外であるということ。街中で葉巻を味わう人々は、国の配給品である葉巻を嗜んでいるのであり、僕らが知る銘柄葉巻を手にすることは皆無であるということ。そんなことが気になった僕は、海外に向けて用意されたキューバという国の魅力から、その陰に存在するこの国の本来の暮らしや自然そのものに興味を持ち始めた。

それから僕は、その旅を共にしていた友人たちと行動を別にすることにした。多くの観光客や仕事を終えたビジネスマンが過ごすキューバの楽しみ方としては王道であるゴルフやクルーズに胸が躍らなかった僕は一人でカリブの島の神さまを巡る旅へ出ることにした。日本においても自然崇拝に基づいた原始信仰の研究をライフワークとしている僕は、この国の暮らしのなかに存在する信仰に強い興味があったからだ。表面上をなぞれば街には大きなカトリック教会が立ち並ぶ。1492年に世界的に著名な冒険家、コロンブスに発見され、その19年後にスペインの西インド諸島植民地となるところからカトリックが入り込み、革命以前は70パーセント以上が教徒として存在した。それから時代の流れとともにその数は激減し、今では国民の55パーセント以上が無神論者であるという。無神論といえばどこか日本人にも共通すると感じた僕は、もしかするとこの国にも宗教とは別軸の、暮らしに根づいた信仰があるのではないかと思い立ち、日本同様に本来の自然が残された場所に行けば原始的な何かが残っているのではないかと考えた。

そして僕はある洞窟へ向かった。洞窟がある森の入口のスタッフから「ここに日本人が来るのは初めてだ。お前はクル

ーズには行かないのか？　ゴルフはしたか？　ここに来るなんて変わった日本人だな」と、軽率過ぎる言葉を浴びせられながらも森を探検。まるでジャングルのような道無き道を進み、まるで終わりのない迷路にも思えた洞窟探検の終盤に、眩い光が差し込む、大きなホールが1つ現れた。そこには、どのくらい前からあるか検討もつかない本物の人骨がそのまま埋葬されていた。その脇には、おそらく古代の人が神に祈りを捧げたであろう祭壇のような石組みがある。紛れもなく「ここだ！」と思った僕は、リュックの中から笛を取り出す。というのも、僕は、神さまへの祈りを笛の音で奉じる神事を日常的に行っていて、洞窟の中でこの土地の守り神にご挨拶をしようと思ったのだ。そうして、アフリカにルーツを持つ曲を演奏した。その曲を吹き始めて少し経つと、周辺にいたキューバ人が一人、不思議そうに近寄ってきた。彼は「なぜ、俺たちの大事にしている曲を知っているのか？」とひと言。僕はつたない英語で会話をすると、どうやらキューバにも自然崇拝の信仰が存在することがわかった。そして、それはやはりアフリカに端を発するものだという。僕が奏でたその曲は、アフリカから派生し、それぞれ海を越えて双方の国へと伝わったようだ。ようやく出合えた、キューバに横たわる民衆的信仰としての自然崇拝。その瞬間、僕は興奮して、アフリカに端を発する神さまの名前を連呼すると、キューバ人とすべてが通じ合えた。海の神さま「イェマヤ」、水の女神「オチュン」、旅を見守る神さま「エレグア」……。海を隔てた彼の地で、古代からの自然神が僕とキューバを繋いでくれた。そこから僕は初めてこの国に興味が湧いた。それは、長らく見受けてきた表面的なものではなく、この土地に暮らす人々のなかで連綿と受け継がれてきた信仰や習慣。その伝統に心を奪われたのである。

「アメージング・キューバ」には、著者をはじめ、関わったすべての人たちのキューバ愛が詰まっている。これから日本も観光立国として世界中からの来訪者を迎える国となる。遠くない未来に、僕らは自分の暮らすこの土地をどうやって紹介していくのだろう。国や政府が決めた国の魅力が、必ずしも僕らの誇りとは限らない。僕はできるだけ、暮らしに根づいたそのものの土地の魅力を伝えたい。キューバという国にそんな想いを馳せて、情報があるようでまだまだ少ない"本来の魅力に触れる旅"のお手伝いが本書で叶うなら、僕が出合ったキューバの神さまも喜んでくれるに違いない。

2017年12月4日
発行人　中村　真

TRAVEL GUIDE BOOK

Amazing Cuba

自然と暮らしを巡るキューバガイド

2018 年 2 月 3 日 初版発行

千野祐子（ちの・ゆうこ）

神奈川県横浜生まれ。関西外国語大学スペイン語学科卒業。絵本や児童文学など、物語が大好きな幼少期を過ごし、大学で習得した語学力を生かして翻訳・通訳の道へ。芸術や児童文学関連の通訳・翻訳を行う機会に恵まれる。アルゼンチン留学を経て、2014 年から 2017 年まで在キューバ日本国大使館で勤務。

発行　イマジン株式会社
〒 106-0031 東京都港区西麻布 2-10-3
日興ロイヤルパレス西麻布 602
Tel：03-6863-3784　Fax：03-3496-8505

発売　フォレスト出版株式会社
〒 162-0824 東京都新宿区揚場町 2-18
白宝ビル 5F
Tel：03-5229-5750（営業）
03-5229-5757（編集）
http://www.forestpub.co.jp

Publisher and Supervisor
中村 真（ImaJin Inc.）

Writer
千野祐子

Editor
草深早希（ESPRE inc.）

Photographer
間部百合

Illustrator
阿部伸二（karera）（MAP 及び P.30）
くぼあやこ（P.12-P.17）
fancomi（P.113-P.125）

Art Director and Designer
宮古美智代

Designer
三浦樹人

Printing Manager
山崎和史（中央精版印刷株式会社）

Print
中央精版印刷株式会社

Special Thanks
石井聖子、Joel Gavino Corso Alfonso、Roberto Chang、
Martha Beatriz Aleman Lopez、Fernando R. Funes-Monzote、
Noboru Miyazawa、Gaby、Xandra Lamar Martinez、
Clara Rodriguez Artiles、Sakurako Kobayashi、
キューバ観光省「Infotur」、在日本キューバ共和国大使館

本書は、2017 年の取材をもとに制作しております。
現地情報は予告なしに変更されることもございますので、ご注意ください。
落丁・乱丁本はお取り替えいたします。
本書の内容に関するお問い合せは発行元のイマジン株式会社へお願いいたします。

ISBN978-4-89451-895-7　C0026　©ImaJin Inc. 2018　Printed in Japan